イラスト・図解で分かる

災害を生き延びる！

都市型サバイバル

首都圏における被害想定

南海トラフ巨大地震・首都直下地震については、地震対策検討ワーキンググループ（中央防災会議「防災対策推進検討会議」に設置）が算出した被害想定によると、いずれの地震とも、東日本大震災を超える甚大な被害が想定されている。

	死者・行方不明者数	住宅全壊戸数
南海トラフ巨大地震	約 32.3 万人	約 238.6 万棟 ※東日本大震災の約 20 倍
首都直下地震	約 2.3 万人	約 61 万棟 ※東日本大震災の約 5 倍

東日本大震災（参考）	22,118 人	12 万 1,768 棟

【首都直下地震緊急対策区域を含む都県】

茨城、栃木、群馬、埼玉、千葉、東京、神奈川、山梨、長野、静岡

出典：内閣府ホームページ
http://www.bousai.go.jp/kyoiku/hokenkyousai/jishin.html

CONTENTS

Chapter 3

都市災害における、思考と情報

おわりに

はじめに

すでに始まりかけていると言われている「南海トラフ地震」。日本人の2人に1人が被災者になると言われている。

本書は首都圏でだけではなく日本中で想定されるライフラインの遮断、帰宅難民、避難所難民となる可能性がある中、川の水や雨水を「浄水」する方法。命を守る「持出し袋」の作り方。体温は「3層」で保持する…ほか、**「まさか」の時に役立つ危機管理の心がまえ&テクニック**を1冊にまとめた。

自衛隊、警察へ危機管理コンサルを行う監修者が教える「自分を守る」（セルフレスキュー）の思考と避難所に入れない状況で、あなたを救う**「自分で作る生存プラン」**という防災グッズを一式揃えただけでは手に入らない**「危機管理意識」**も伝授したいと思う。

「サバイバル」というと、無人島や山の中で行うもので、何か縁遠いものだと思われているが、**災害が相次ぐ近年、サバイバルと無縁でいられる人はいない。**災害からのリカバリーには次の三つの手順がある。自助、共助、公助である。自助とは自分や家族を助けることであり、共助は近隣の人々と助け合うことだ。公助は消防、警察、自衛隊などによる支援、避難所での食料支援など公的援助全般を指す。この中で最初に来るのが、自助である。自助がなければ共助はなく、共助がなければ公助はない。

その意味で、自助はもっとも重要だと言える。そして、**自助とはサバイバルなのだ。**ライフラインの寸断ばかりが話題になるが、地震火災や落下物、倒壊などから自分の身を守り、生き延びることはすべてサバイバルと言える。つまり、サバイバルすることは自助と共助にも繋がるのである。地震など自然災害はいつ発生してもおかしくない。有事の際にパニックに陥ることなく、生き延びるために本書を役立ててほしい。

南海トラフ地震とは

南海トラフとは、四国の南の海底にある水深4,000m級の深い溝（トラフ〈舟状海盆〉）のことを指す。東端を金洲ノ瀬付近のトラフ狭窄部、西端を九州・パラオ海嶺の北端とする。南海トラフをdeformation frontとして南側のフィリピン海プレートが北側のユーラシアプレート下に沈み込んでいる収束型のプレート境界としている。南海トラフ北端部の駿河湾内に位置する右図黄線の部分は駿河トラフとも呼称される。九州・パラオ海嶺を挟んで西側に琉球海溝が連続する。南海トラフの各所では、マグニチュード8クラスの巨大地震が約100年から200年の周期で発生している。最大クラスの南海トラフ地震の想定は、政府の中央防災会議によってなされている。広い範囲で強い揺れが2～3分続き、また、津波が太平洋や瀬戸内海などで発生するとされている。このような揺れや津波が起こっても耐えうるよう、日頃の備えが重要だ。

膨大にある都市リスク

内閣府の中央防災会議は、全閣僚および専門家たちで構成される、日本でもっとも権威ある防災組織だ。その中央防災会議がまとめた、都市を大地震が襲った際に考えられるリスクを表で示した。その数の多さに驚いたのではないか。30以上もある。

しかし、実際のリスクはさらに多いとも考えられる。たとえば、「屋外転倒物、落下物」の中に「①ブロック塀・自動販売機等の転倒」とあるが、一口にブロック塀・自動販売機などの転倒といっても、具体的にはそれによるケガや圧死、倒れたブロック塀で道がふさがれることなど、さまざまなリスクが考えられる。

つまり、**都市サバイバルで想定されるリスクの数は、森林や無人島でのサバイバルよりもはるかに多い**と言えるであろう。水や食料などサバイバルを助けてくれる材料に乏しく、人という未知の脅威もあり、リスクが膨大な都市サバイバル。その難しさが、ご理解いただけただろうか。

「いったいどうすればいいんだ」と頭を抱えてしまっている読者もいるかもしれない。しかし、心配は要らない。実は、これらすべてのリスクに対していちいち対策を立てる必要はないのだ。サバイバルには普遍的な原則があり、原則を知っていればどんなリスクにも対応しやすくなる。

区分	リスク	想定される被害
1	建物被害	①建物被害
		②火災の発生
2	屋外転倒物、落下物	①ブロック塀・自動販売機等の転倒
3	人的被害	①暴徒化
		②性犯罪
		③デマ
4	ライフライン被害	①上水道
		②下水道
		③電力
		④通信
		⑤ガス（都市ガス）
5	交通施設被害	①道路（高速道路、一般道路）
		②鉄道
		③港湾
		④空港
6	生活への影響	①避難者
		②帰宅困難者
		③物資
		④医療機能
		⑤保健衛生、防疫、遺体処理等
7	災害廃棄物等	①災害廃棄物等
8	その他の被害	①エレベータ内閉じ込め
		②長周期地震動による高層ビル等への影響
		③道路閉塞
		④道路上の自動車への落石・崩土
		⑤交通人的被害（道路）
		⑥交通人的被害（鉄道）
		⑦災害時要援護者
		⑧震災関連死
		⑨造成宅地
		⑩危険物・コンビナート施設
		⑪大規模集客施設等
		⑫地下街・ターミナル駅
		⑬文化財
		⑭堰堤・ため池等の決壊
		⑮海岸保全施設・河川管理施設の沈下等
		⑯複合災害
		⑰治安
		⑱社会経済活動の中枢機能への影響
		⑲行政の災害応急対策等への影響

※中央防災会議首都直下地震対策検討ワーキンググループ「首都直下地震の被害想定と対策について（最終報告）」を基に作成

Chapter 1

都市型サバイバル 命の五要素

SURVIVAL TECHNIQUE

001

想定されるシチュエーション

被災前

危機に襲われたら「S・T・O・P」せよ

S.T.O.P. - Immediate Action Survival Plan

S	top（止まる）	その場でじっとして安全を確保する
T	hink（考える）	混乱している頭を落ち着かせる
O	bserve（観察）	置かれている状況を把握する
P	lan（計画）	生き延びるための行動を開始する

災害に限らず、危機に襲われた瞬間にサバイバルは始まる

突然の大地震に襲われた瞬間、われわれができることは極めて少ない。襲ってくる危機の種類はさまざまだ。自然災害や交通事故、犯罪、危険な野生生物、暴漢による襲撃などいろいろあるが、そんなときのためにこそ覚えておいてほしい行動指標が「危機の瞬間には『S・T・O・P』せよ」というものだ。サバイバルの基本として世界的に知られている。

Stop

パニックにならずにじっとしろ、という意味だ。危機に襲われると、人はどうしてもパニックになり、コントロールされない形で動き出してしまうことがある。これは致命的である。2016年の熊本の大震災を報じるニュースのテレビ画面には余震が続く中、倒壊の恐れから家に入れず、その前でただ立ち尽くす一家が映し出されていた。大きな余震が襲ってきた。すると、一人がパニックを起こして走り出してしまったのだ。恐怖のあまり体が勝手に動いたのだろう。しかしその人に明確な目的地などない。パニック状態では誰でもやってしまう反射的な動きではあるが、これこそ抑止しなければいけない動きだ。何も考えずに走り出すと、危険な場所に出てしまったり、落下物に当たったり、破壊された電線に感電したりする恐れがある。転んでケガをするくらいで済めば御の字だ。

Think

直訳すると「考えること」となるが、実際には「ラッシュ状態になって混乱している頭を落ち着かせる」という意味で使われることが多い。言い換えるなら、脳をStopさせることだ。体を落ち着かせるのがStopで、頭を落ち着かせるのがThinkだと考えると分かりやすい。この2つは事実上セットであるとも言える。

Observe

落ち着いた身心で今置かれている状況を観察、把握するということだ。というより、落ち着いた状態になって初めて状況観察が可能になる、と解釈したほうが正確だ。状況を理解できなければ生還するための手段も考えられない。今、何が起こっているのか？　危険なものはどこに存在しているのか?それらを突き止めなければいけない。前述のカウンターパニックも含め、StopからObserveへの流れは自然とわれわれが行っているものである。部屋の中で「ん？　なんか臭うぞ？」と言われた状況を思い浮かべてほしい。体の動きを止め、頭をクリアにし、状況把握を始めるはずだ。心を落ち着かせると感覚が鋭敏になり、危険の正体を突き止めやすい。

Plan

行動の計画ということになるが、実際は行動（ACT）の意味で使われることも多い。「生き延びるために計画し、行動を開始する」と。捉えたほうがいいだろう。この「S・T・O・P」を心得ていると、危機に直面した瞬間にパニックになって的外れで反射的な行動をしてしまうことが少なくなる。警護のプロの世界では、危機が発生し、**心身をStopさせてからPlanによって動き出すまでを、7秒以内に完結させなければいけない**と言われる。これは、テロリストなどの襲撃から制圧までが7秒前後で完結することに由来している。もちろん都市災害対策は要人警護とは異なるが、地震などの危機的事態も短時間の出来事だから、時間感覚はあまり変わらない。この時間の短さから、危機が発生した際に動くことの難しさが容易に想像できるだろう。

軍人でもできることは限られている

私はよく、「大地震の最中はどうすればいいですか」と聞かれる。私の返答は、「何もできないと思っておくところから始めましょう」。要人警護にあたる特殊部隊やボディガードのようなプロでも、実際に襲撃が発生した場合はほとんど何もできないことを自覚している。したがって、彼らは極めて単純なPlanだけを立て、繰り返し訓練する。どのくらい単純かというと、「銃声のほうに走る」とか、その程度である。訓練された軍人でも、危機の最中にはこのくらいのことしかできないのだ。

3の法則

過酷なサバイバル環境下において、重要になる物資が調達出来ない場合に人間が生きられる時間を表したもの。

① 呼吸が出来ない状態で人間が生きられる時間は3分
② 体温が放出される環境下で人間が生きられる時間は3時間
③ 水分補給が出来ない状態で人間が生きられる時間は3日
④ 食料補給、栄養補給の出来ない状態で人間が生きられる時間は3週間

世界中の救助隊などで合言葉のように守られているものだ。

SURVIVAL TECHNIQUE

002

想定される
シチュエーション

防災計画

命の五要素と優先順位

The Five Elements of Survival and the Priority

3週間		3日	3時間	3分
食料	火	水	体温保持	空気

優先度高

あなたが生き残るために事前に準備をしたり、被災時などに状況判断しなければならなくなったとき、この法則を知っていれば、より生存率の高める準備や行動を行うことができる

優先度低

それぞれのタイムリミットを意識しよう

被災した人々の多くは、ライフラインの寸断という状況に陥る。S・T・O・Pに当てはめると、落ち着いて(S・T)状況を把握し、電気やガス、水道などが止まってしまっていることに気付くわけだ(O)。そんな状況に備え、前もってPlanしておけば、スムーズにその状況を切り抜けられるのである。タイムリミットを意識しながら、生存のために必要なものを確保するという、まさにサバイバル活動に入るのだ。

ライフラインの寸断は、災害に限らず遭難などの場合でも想定される。どんな場合でも克服するための原則は変わらないので、ぜひ覚えておこう。人が生きるために必要なものは五つほどある。私はそれらを「命の五要素」と呼んでいるが、何かお分かりになるだろうか。読み進める前に少し考えて欲しい。水と、食料と……あとは何だろう?

答えは、次の五つだ。空気、シェルター(体温保持)、水、火、食料である。この五つの要素を獲得、または保持できればわれわれは命を繋ぐことができるのである。

空気

人は空気がない(呼吸ができない)状態ではせいぜい3分ほどしか生きられない。いや、実際に意識を保ち、行動できるのは1分に満たないかもしれない。救助隊などがいる場合はこの限りではない。そのタイムリミット内に空気を入手できなければ死ぬということだ。

体温保持

空気の次にタイムリミットが短い要素は何かというと、水でも食料でもなく、体温だ。日本では凍死による死者が熱中症による死者をはるかに上回る。私たちが冬でも凍死しないのは雨風を防ぐ家と適切な衣服、そして暖房があるからだ。災害によりインフラが途絶するとこれらを入手できない可能性がある。春や秋、状況によっては夏でも3時間程度で凍死する恐れがあるのだ。サバイバルでは極めて優先順位が高い要素なのである。

水

次にタイムリミットが短いのは水である。その時間は、72時間。ただし、ここでも72時間というのは「水なしで生きられる」時間であり、24時間以内に入手すべきだとも言われている。災害や遭難の際に報道でよく見かける「レスキューのタイムリミットは72時間」という表現は、この飲料水のタイムリミットに由来している。実際は先に説明したように、体温保持のハードルが極めて重要だ。東日本大震災でも、揺れや津波の被害から逃れられても、当日夜の寒さに耐えられず凍死した人は少なくない。しかし凍死を免れたならば、72時間以内に救出できれば命を救えるということだ。

火

われわれが日常生活で、「光熱」費を払っていることからも、光と熱の重要性は容易にうかがえる。火がなくても命を維持できるが、それは、火以外のものから光や熱を得ている場合が多い。火をおこすと暖を取れるので体温を保持することができる。また、飲用水を手に入れるためには煮沸消毒が必要になるケースが多い。その際にも火は役立つ。火は暗闇に明かりをもたらしてくれるし、温かい食べ物を作ることもできる。火は一種の精神的エネルギーという、とても重要な要素をもたらしてくれる。

食料

命の五要素の最後が食料である。食料のタイムリミットは極端に長く、3週間ほどあるのだ。実は、人は3週間近くも食べ物なしで生きることができるのである。「自分の体を食う」というような表現が使われるが、体に蓄えた脂肪などがエネルギーになるからだ。食料の優先順位は最後でいい。災害発生から3週間も経てば、救助が来る可能性が高いからである。**実はサバイバルな状況で餓死するケースは非常に少なく、食料の有無がただちに生死を分ける可能性は低い。**もっとも、食料がどうでもいいということではないが、「食料なしでも3週間は死なない」という知識を持っておくだけでも大きな意味がある。「食料がない！」とパニックに陥ることがなくなり、精神的に余裕が生まれるだろう。

慣れない避難所で睡眠をとるときに

避難所で集団生活を送る場合、周囲の会話や物音、早い消灯等によって、寝付きが悪くなる傾向があります。無理に眠ろうとせず、眠気が自然にやってくるまで、呼吸をゆっくりと整え、静かに横になってみましょう。硬い床に布団を敷いて寝る場合は、横向きになり、座布団等を抱えて寝ることで、腰の負担軽減につながります。

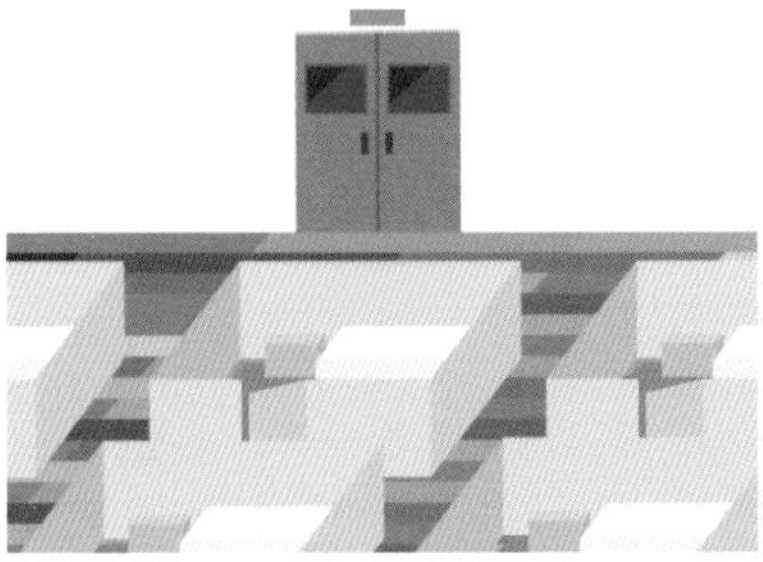

SURVIVAL TECHNIQUE
003

想定される
シチュエーション

火災

空気を確保するには

To secure the air.

急性一酸化炭素中毒の症状

空気中の一酸化炭素濃度（%）	症状
0.02 ~ 0.03	5 ~ 6時間で頭痛、耳鳴りがし、目に強い光が走ったりする
0.03 ~ 0.06	4 ~ 5時間で激しい頭痛、吐き気がし、皮膚がピンク色になり、やがて体の自由がきかなくなる
0.07 ~ 0.10	3 ~ 4時間で脈が速く、呼吸数が多くなり、やがて意識がもうろうとする
0.11 ~ 0.15	1.5 ~ 3時間で呼吸がおかしくなり（深い呼吸と浅い呼吸を繰り返す）、痙攣を起こし、意識を失い、大小便をもらしたりする
0.16 ~ 0.30	1 ~ 1.5時間で呼吸が弱くなり、心臓の働きが弱まり、血圧が低下し、時に死亡する
0.50 ~ 1.00	1 ~ 2分で刺激に対する反応が低下し、呼吸ができなくなり、死亡する

空気を確保するフードとマスク

命の五要素の最初に来るものは空気だった。では空気が不足する状況とは？……いくつか考えられるが、ただちに命にかかわるのは火災に巻き込まれたときの煙である。大きな地震には火災がつきものであり、**火災による死者のほとんどは一酸化酸素中毒や有毒ガスが原因である**（「焼死」に分類されるケースも直接の死因は煙であることがほとんどだ）。一酸化炭素は、無色・無臭で、水に溶けにくく、アルカリ水溶液やエタノールに溶ける可燃性の気体だ。

　ヘモグロビンとの親和性は、酸素の約200倍といわれており、肺に取り込まれた空気中に一酸化炭素が含まれていた場合、ヘモグロビンの多くが一酸化炭素と結合し、酸素と結合できない状態となる。この結果、体内に酸素が行き渡らない状態となり、いわゆる内部窒息と呼ばれる状態となって毒性を発揮し、死に至る場合もある。

　実は煙の中を突破するためのツールが販売されているので、非常持ち出し袋の取り出しやすい場所に入れておきたい。詳細は後述するが、非常持ち出し袋のポイントは、自分が心地良いように作ることだ。あまり特別な、高価なもので揃えようとすると、確かに性能はいいがハードルも高くなってしまい、作らずじまいになってしまう人もいるだろう。そういう人は、家の中にある便利なものを集めておく、くらいの感覚でよい。

PLAN C
ハンカチ

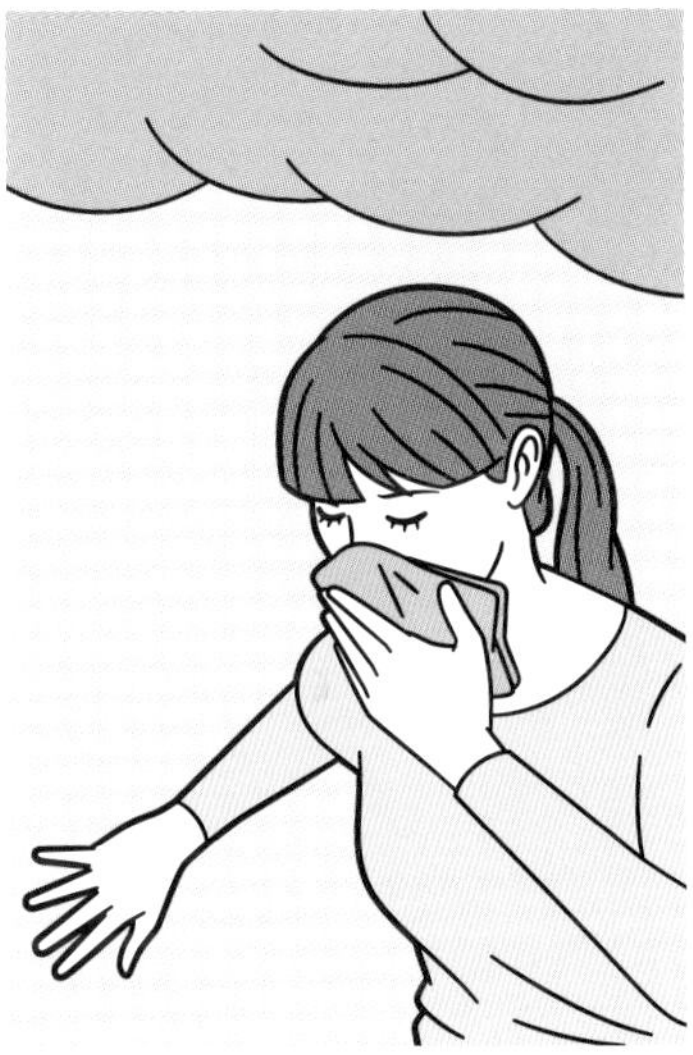

　マスクがない場合は、濡らしたハンカチや衣服の一部を口にあてがうだけでも効果がある。タオルやハンカチを鼻と口に当て、姿勢を低くして避難する。煙は上部から滞留していくからだ。ハンカチは一瞬たりとも口や鼻から離してはいけない。一瞬でも煙を吸うと息苦しくなる。しかし、タオルやハンカチを鼻や口に当てても、CO（一酸化炭素）などの有毒ガスを遮断することはできない。しかし、刺激性物質（白煙）に対する除去効果は十分にある。

PLAN B
防じんマスク

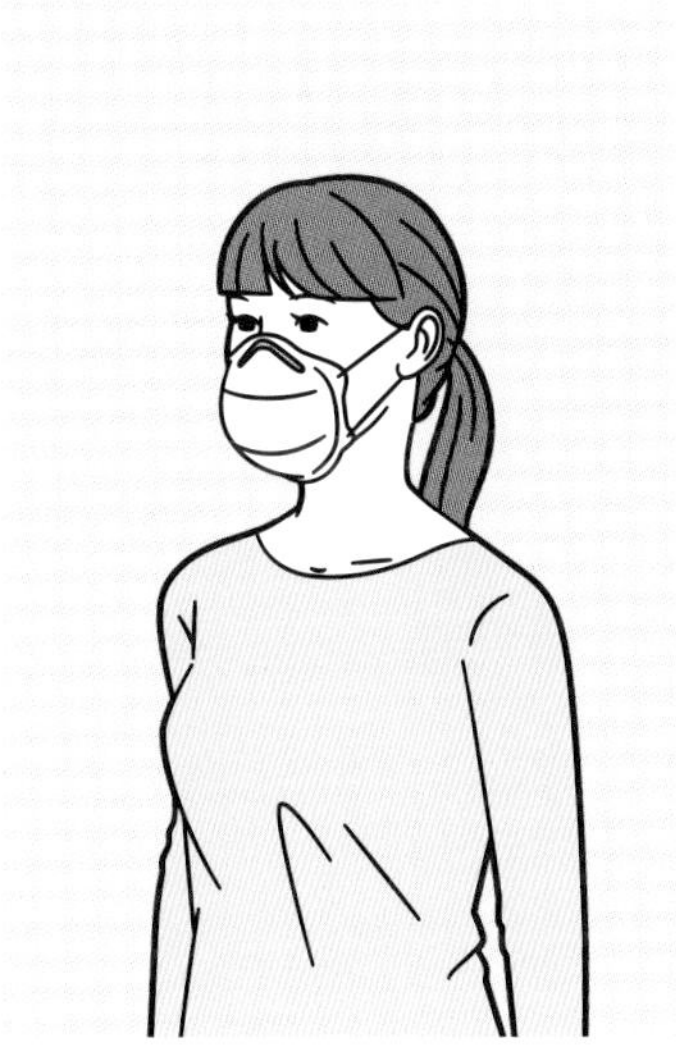

　空気を守らなければいけないもう一つの状況は、建物の倒壊などに伴う粉じんやアスベストである。これらはただちに命を奪うものではないが、長期的に見た場合に害をもたらす恐れがある。粉じんに対しては、防じんマスクが効果を発揮する。価格はピンキリだが、必ずしも高いものを買う必要はない。２０枚程度入って２０００円前後くらいの、使い捨ての安いものでいい。あるとないとでは雲泥の差である。

PLAN A
けむりフード

　火災で最も怖いのが煙だ。室内や廊下に煙が流れると、前がほとんど見えない。また目に煙がしみて痛みを感じる場合もあり、避難がままならない状態に陥ることもある。けむりフードは、空気を入れてかぶるだけで、走って約３分間、歩いて約５分間呼吸ができるので、火災時の煙から身を守り、目を開けたまま避難することができる。

SURVIVAL TECHNIQUE
004

想定される
シチュエーション

避難生活

体温を守る基本ルール

"Basic Rules" for maintaining Body Temperature

体温と低体温症の症状

① **36.5～35℃**

- 寒気、骨格筋のふるえ（シバリング）がはじまる。
- 手足の指の動きが鈍くなる。
- 皮膚の感覚が少しずつ麻痺する。

② **35～34℃**

- 運動失調（よろよろと歩行）。
- 筋力低下（転倒しやすくなる）。
- 構音障害、うわごとをいいだす。

③ **34～32℃**

- シバリング減少、歩行不能。
- 頻呼吸、意識障害を起こす。

④ **32～30℃**

- シバリング消失、身体硬直。
- 錯乱状態、不整脈のリスク。

⑤ **30℃以下**

- 意識低下が進み、瞳孔散大。
- 乱暴な体位変換等で容易に心室細動を起こす

⑥ **13.7℃**

- 神経学的後遺症なく生存できた最低の深部体温。

出典：「寒冷による障害」金田 正樹
臨床スポーツ医学 = The journal of clinical sports medicine 13(6), 650-654, 1996-06-01

工夫次第で暖かい空間は作れる

在宅避難が可能であれば、かなりの寒冷地を除いてはあまり心配はいらない。真冬でも布団をかぶれば寒さはしのげるし、寒さを防ぐ服もあるだろう。夜通し暖房を効かせて就寝するような寒冷地では、押し入れなど、とにかく狭い場所に入ることだ。なければ、そういう場所を作る。狭い空間に入り、更にデッドスペースを布団や衣服などのふわっとした素材で満たせば暖かさを保ちやすい。極寒の地に住む原住民は、家の中に動物の皮などで作ったテントのような空間を設ける。その中でロウソクを焚く事で、その中だけはかなりの薄着で過ごせるのだ。さすがに押入れの中に布団や衣類を詰め込んだ防寒ルームでのロウソクは危険だが、それに代わる発熱源があれば、かなり暖かい空間を作れるはずだ。なお、この観点からは、避難所としてよく使われる体育館やホールなどは冬季の保温には不利である。緊急の場合には、体育館内の器具庫などに大勢入って、おしくらまんじゅうのように夜を過ごすなどの術が必要になる。快適な夜にはならないが、凍死は防げるだろう。念のため付け加えると、体育館が避難場所に選ばれる合理的な理由もあるので、批判するつもりはない。通勤途中など屋外の場合は、体温保持は喫緊の問題となる。その夜を越せるかどうかに関わるからだ。焚き火で暖を取ろうと思う前に、「得ることよりも守ることを優先」という法則を思い出そう。火をおこすのは簡単ではないし、火災のリスクもある。よって、今ある体温を守るのが基本になる。そこで、体温を逃さない基本プランを紹介しよう。

PLAN C

体温よりも温度が低いものに触れない

冷たいコンクリートや石など、体温よりも温度が低いものと接触してはいけない。登山の世界では「シートが一枚しかなかったら、上に被らずに地面に敷け」と言われるほど下からの冷気をシャットアウトすることは重要である。どうしても冷たい場所に座らざるを得ない場合は、冷気を通さないものを下に敷くことだ。

PLAN B

風に当たらない

風は、風速1メートルにつき1度の割合で体感気温を下げる。風が当たる場所にいるのは自殺行為だ。また、風を防ぐものを羽織ることも大切である。人の体は体温で暖められた空気の層の断熱効果で、人は自分の体を寒さから守っている。風が吹き、空気の層が吹き飛ばされると、体温は奪われていく。これが、風によって体感温度が下がる理由なのだ。

PLAN A

濡れない

水に濡れてしまうことや大量の汗をかくことは急激に温度を下げる。人間の体温は37度前後になるように設定されていて、気温などの変化に関係なくほぼ一定の体温を保つことができる。このような体温調節は、人間の持っているエネルギーの大半を使っていると言われており、とても重要な働きなのだ。

SURVIVAL TECHNIQUE
005

想定されるシチュエーション

寒さ対策

体温保持は「基本の三層」

Three Basic Layers" for maintaining body temperature

重要なのは小手先のテクニックより、物事の原理を知ること

体温を守る上でもっとも大切なのは服装である。かつ服による体温保持にはポイントがある。それは「肌に密着する第一層」「もっとも外側で冷気から体温を守る第三層」「第一層と第三層の間で暖かい空気をキープする第二層」の三層を確保することである。第一層はいわゆる肌着である。肌に密着し、汗で濡れても冷えにくい化学繊維のものがいい。着心地の良いコットンは、濡れてしまうと体温を吸い上げてしまう。「死の素材」と呼ばれるほどなので、場合によっては脱いでしまった方がよいことさえある。アウトドアやスポーツ用品店で売られている高価なものがベストではあるが、今は量販店などでもこの手の肌着が安く売られている。防寒用として持ち出し袋に分厚いジャケットを入れたがる人は多いのだが、限られたスペースを考えると、あまり現実的ではない。質量と保温力の関係を考えると、少し高価でもコンパクトで暖かい肌着を揃えるのは賢い選択だ。

ダウンジャケットの原理

第二層の役割は、体温と外気とを絶縁することである。ダウンジャケットが暖かいのは、羽毛によって停留した空気が外気の冷たさをシャットアウトするからだ。もし、ダウンジャケットが手元にない場合であってもこの原理を元にした代用品は作れる。

肌着に投資せよ

登山家や軍人の間では常識になっているセオリーである。もっとも内側にあるのが第一層なら、もっとも外側で冷たい外気をシャットアウトするのが第三層である。ウインドブレーカーなど風を通さない素材で作られたものが良い。第三層は肌着とは異なり、ある程度大きさに余裕が欲しい。第一層と第三層との間に暖かい空気を保持するスペースが必要だからだ。ただし、あまり大きすぎると冷たい空気が入り込む。肌着である第一層と、外気を防ぐ第三層の意味は誰にでもわかるだろう。しかし、大切なのはこれらの間に第二層が存在することだ。**第二層が間にないと、外気の冷たさが肌まで伝わってきてしまう。**そこで第二層におけるサバイバルプランを次に紹介する。

エマージェンシーシート

近年サバイバルグッズの定番であるエマージェンシーシートは熱反射率が高く第三層としての役割としては最高の素材である。このアイテムについては後ほど詳しく紹介する。

SURVIVAL TECHNIQUE
006

想定されるシチュエーション
寒さ対策

新聞紙を活用した即席防寒具を作ろう

Let's make instant winter wear out of Newspaper.

基本の三層の原理を体感しよう

暖かさを保つには、いかに体からの熱を閉じ込めることができるかが大切だ。ここでは、レインコートと新聞紙でダウンジャケットのような保温性を保つ防寒具の作り方をレクチャーする。まず、肌着の上に大きさに余裕があるレインコートなどを羽織ろう。そして、両手首とウエストを紐などで結んでしまう。これから入れる新聞紙が落ちないようにするためと、体温を逃げにくくするためだ。そして、くしゃくしゃに丸めた新聞紙をレインコートの首元から入れていく。肌着の上と雨合羽の間に、丸めた新聞紙による第二層ができあがるわけだ。そして、腕や背中にも忘れずに入れよう。中が新聞紙でパンパンになったら、首元までボタンをとめて完成だ。実際にやってみればあなたはきっと驚くだろう。真冬以外は汗だくになるほど暖かくなる。この保温力は中に詰める新聞紙の量で調整が可能だ。三層構造で保温する原理のすごさを実際に体感してみよう。そしてこの原理を理解することにより、落ち葉などで新聞紙を代用できることにも気づくだろう。

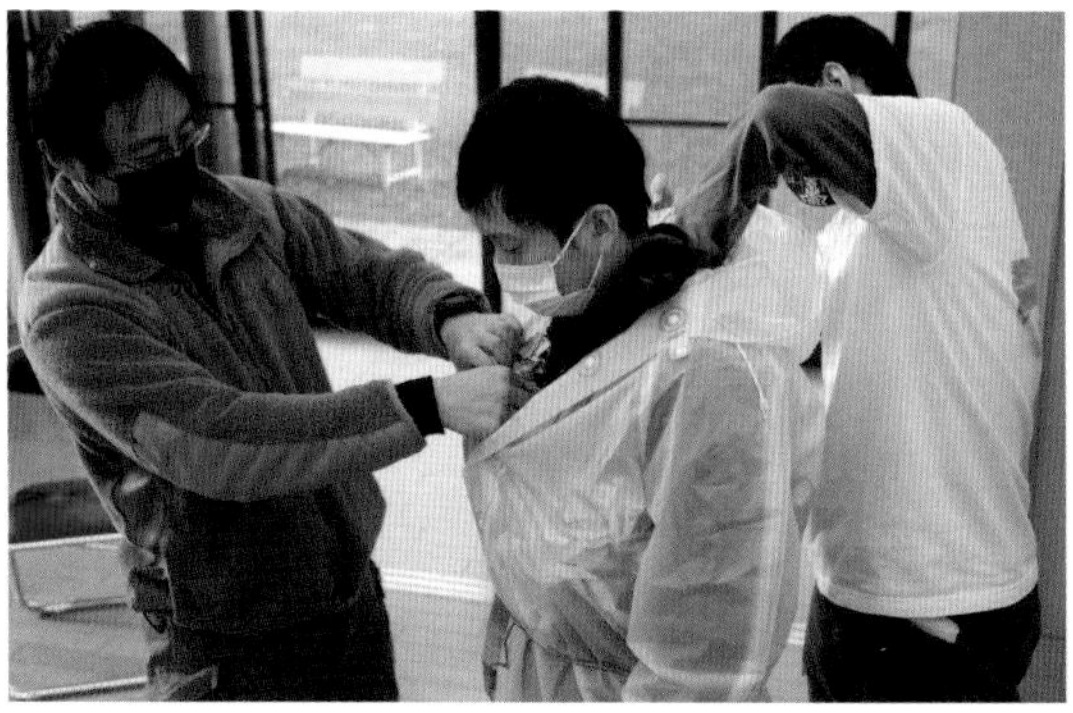

SURVIVAL TECHNIQUE

007

想定されるシチュエーション

防寒

新聞紙の万能活用プラン

Multiple Use of Newspapers

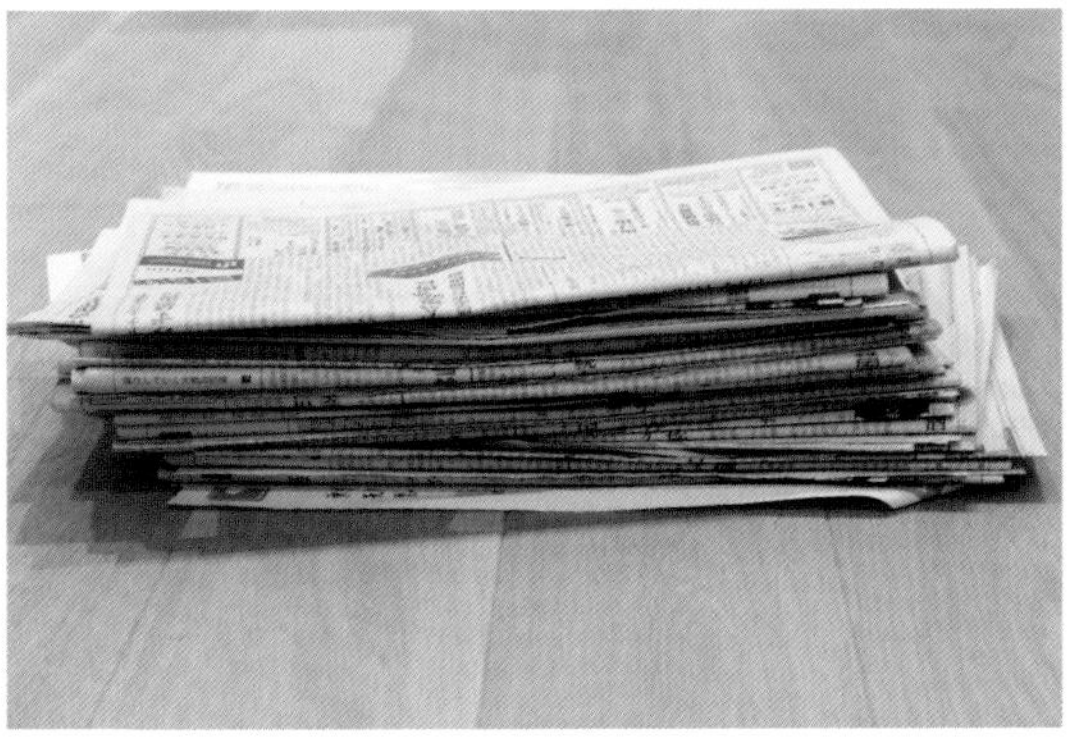

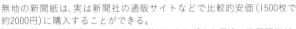

無地の新聞紙は、実は新聞社の通販サイトなどで比較的安価（1500枚で約2000円）に購入することができる。
日常生活でも緩衝材やペットシートなど、さまざまな用途に使用可能だ。

新聞紙はサバイバルテクニックを磨く格好の材料だ

新聞紙はぜひ、持ち出し袋に入れておいてほしい。保温材になるだけではなく、タオルにもトイレットペーパーにもなるし、大きなポリ袋に丸めた新聞紙を詰め込むと簡易トイレにもなる。棒状にギュッとねじって固めると薪の代わり、ふわっとした状態で火をつけると着火剤代わりにもなる。新聞紙は、一つの物でいろいろな価値や側面を見出せる「柔軟性があるもの」のいい例だ。専門的なアイテムはたしかに使い勝手はいいのだが、特定の目的にしか使えない。新聞紙のようないろいろな用途がある道具（本来は読むものではあるが）を、工夫によって使いこなす柔軟性は、生き延びるために欠かせない。「AはA」ではなく、「AはAだが、Bかもしれないし、Cでもいい」くらいの感覚でいたい。

無地の新聞紙は備蓄に最適だ

古新聞を備蓄しておくのもいいが、インクのついていない無地新聞紙は、様々な場面で活用できる。形や大きさ、折り目のつき方まで新聞そのもの。新聞印刷の際、何も印刷されていない、このような新聞が毎回一定量生まれる。言うなれば「ロス」である。

廃棄してしまうには惜しすぎるほど、暮らしのあらゆる場面で面目躍如の大活躍をする。いざという時のために、備蓄リストの中に無地新聞紙を一つ入れておくと役立つことだろう。

PATTERN A

簡易トイレを作成する

断水して水が流れない、排水ができなくなった際に慌てないためにも、簡易トイレの作り方を伝授しておこう。
①新聞紙は丸めてくしゃくしゃにする
②ゴミ袋を便座やバケツに二重に広げる
③短冊状に切って敷き詰める
④使用後は消臭剤などをかけて空気を抜きしばる

PATTERN B

衣服と組み合わせて暖を取る

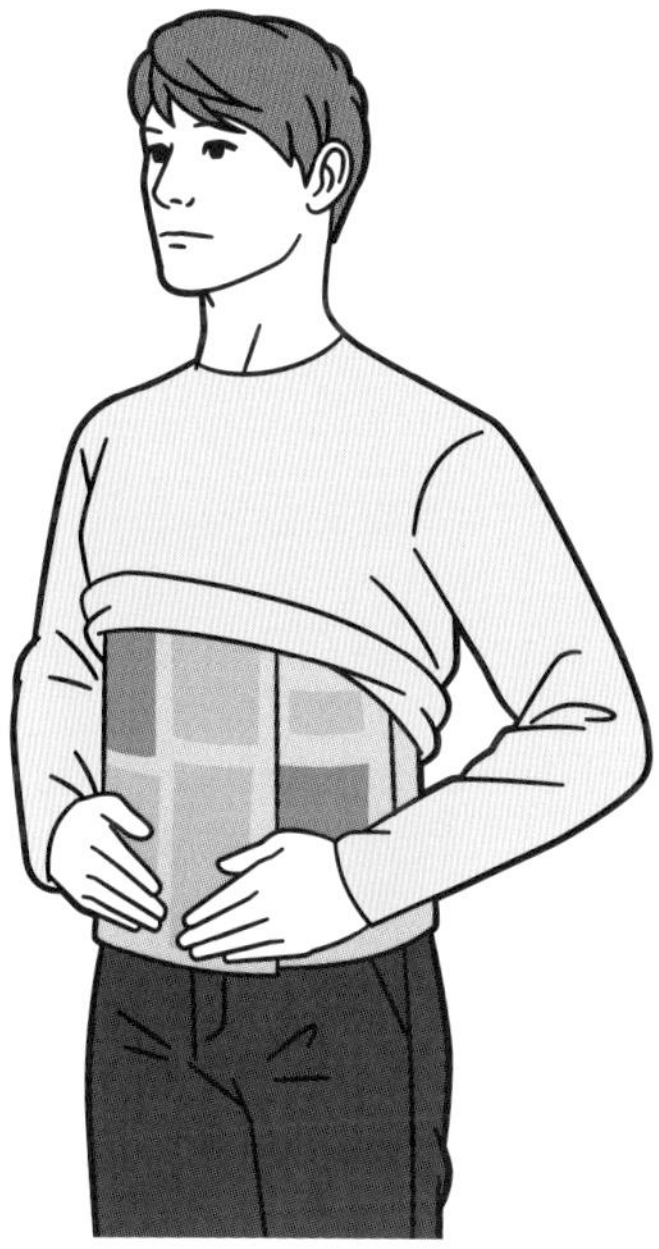

上半身、特に腹部の暖を取りたい時はまず新聞紙をお腹に巻きつける。腹巻きとして活用するのだ。これだけでもかなり効果があるが、ラップがあれば更に上から巻きつけておくと暖も逃げずに効率良く暖める事が可能だ。

PATTERN C

ゴミ袋と合わせた簡易こたつ

空のポリ袋の中に沢山の新聞紙を丸めて入れる。その中に足を突っ込むと簡易的なこたつの様になる。P17の即席防寒具の繰り返しになるが、重要なポイントはポリ袋で熱を逃がさないということだ。ポリ袋の口を軽く閉じるとより足は暖かくなる。

SURVIVAL TECHNIQUE

008

想定されるシチュエーション

避難所生活

エマージェンシーシートを活用しよう

Using Emergency Blanket in Many Ways

エマージェンシーシートは万能シートだ。

体温保持の「基本の三層」でエマージェンシーシートは熱反射率が高く第三層としての役割としては最高の素材であると説明した。主に災害時や遭難時などの非日常的な状態において、毛布や布団などを確保できない状態での使用を想定したもので、ポリエステル性のフィルムにアルミニウムを蒸着して作られているものが多い。畳んだ状態ではスマートフォンほどの手のひらサイズの大きさであり、薄い素材のために軽く持ち運べ、広げると体を覆う大きさとなり、就寝時の寝具代わりや防風・防水・防寒用のシートとして使用できる。常備携行する防災バッグにもぜひ入れておいてほしい。ホームセンターやアウトドアショップでもよく販売されている。世界各国の軍隊や救急機関などでも採用されており、意識を失った状態の体温保持には絶大な効果を発揮している。

防災ブランケットの種類

防災用として使用するブランケットには様々な種類があるが、主な種類は以下の4タイプだ。

- ●アルミシートタイプ：極薄でコンパクト
- ●ポンチョタイプ：フード付きのタイプ
- ●厚手タイプ：マットのような厚手の素材
- ●寝袋タイプ：体をすっぽり包み込める形状

それぞれにメリット・デメリットがあるので、災害時の使用用途を想定すると種類を選びやすくなる。

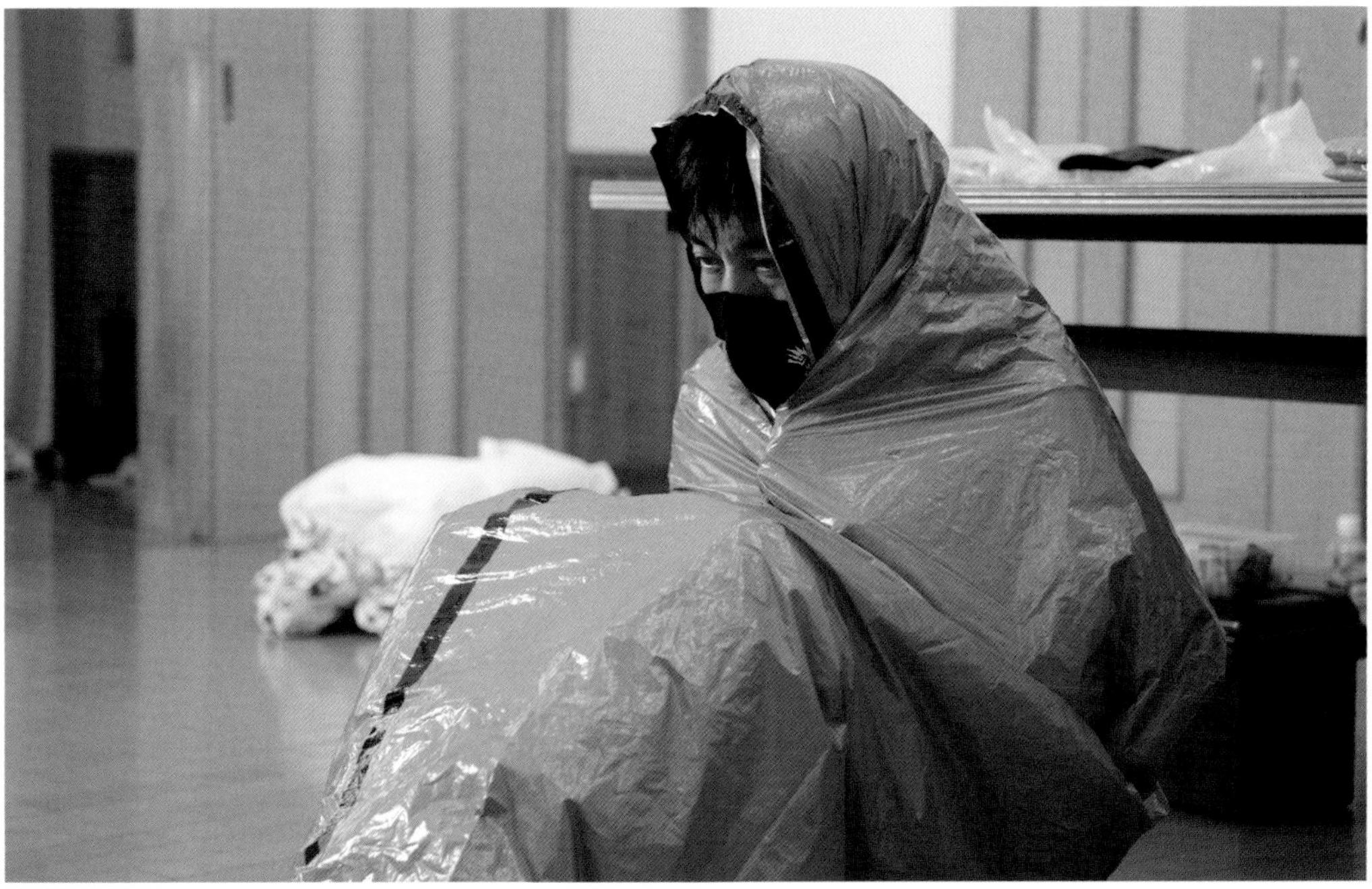

PATTERN A

毛布代わりに使用する

極薄のシート状素材の蓄熱能力はそれほど大きくはないが、素材の防風・防水効果によって外からの冷気を防ぎ、体から放たれる体温をブランケットが反射し、さらにブランケットと体との間の空気の層で温度を保つ。体熱の90%を反射させて体温を維持する特殊な素材を使用しているものもある。

PATTERN B

プライバシーを確保する

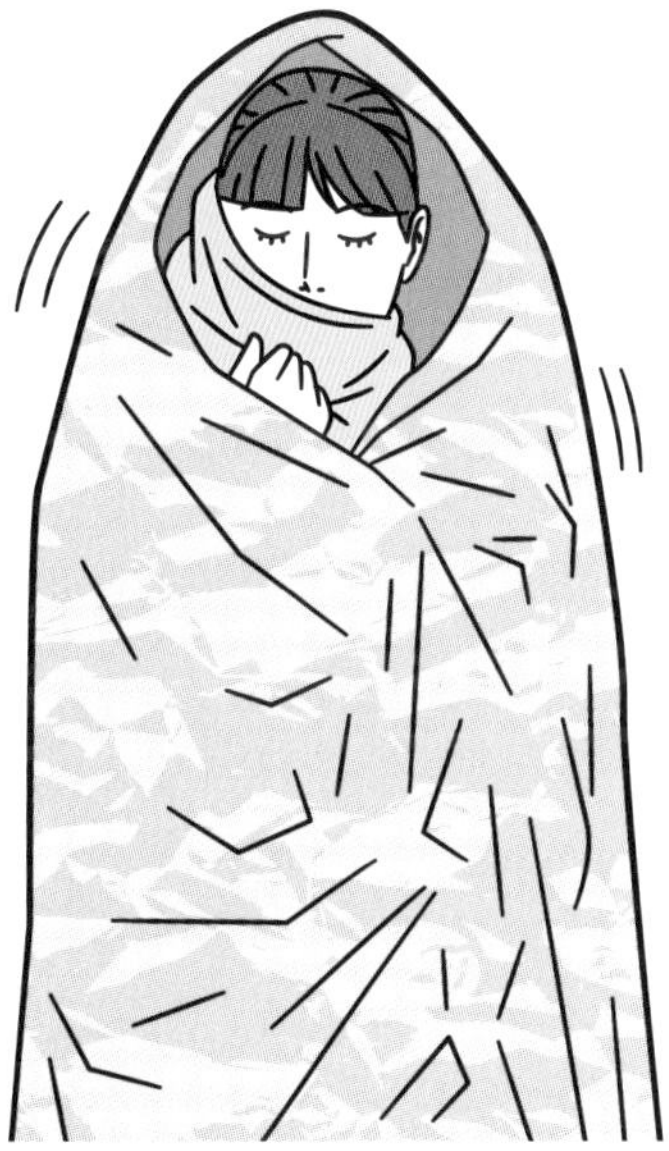

個人のスペースが確保しにくい避難所生活において、カーテン状に使用して周囲からの目を遮った場所を作り、トイレ、着替えや授乳などを行うといった使い道もある。避難所で火を焚いて暖をとる際には、前述のように熱を反射するため、後ろに張ることによって、反射板がわりとなりストーブのようになる。

PATTERN C

日常で活用する

非常時に限らず、登山やアウトドア、コンサートやスポーツ観戦などのレジャーでも敷物や急な雨天の時の防水シートとして使うこともできる。または日よけとして使用することも可能だ。日常時で利用することによって、災害発生時にもフレキシブルな活用が可能となるだろう。

SURVIVAL TECHNIQUE

009

想定される
シチュエーション

水不足

災害時に必要な水の量を確認しよう

Maintaining The Body Fluid

「口飲み」をした水の細菌数の増減

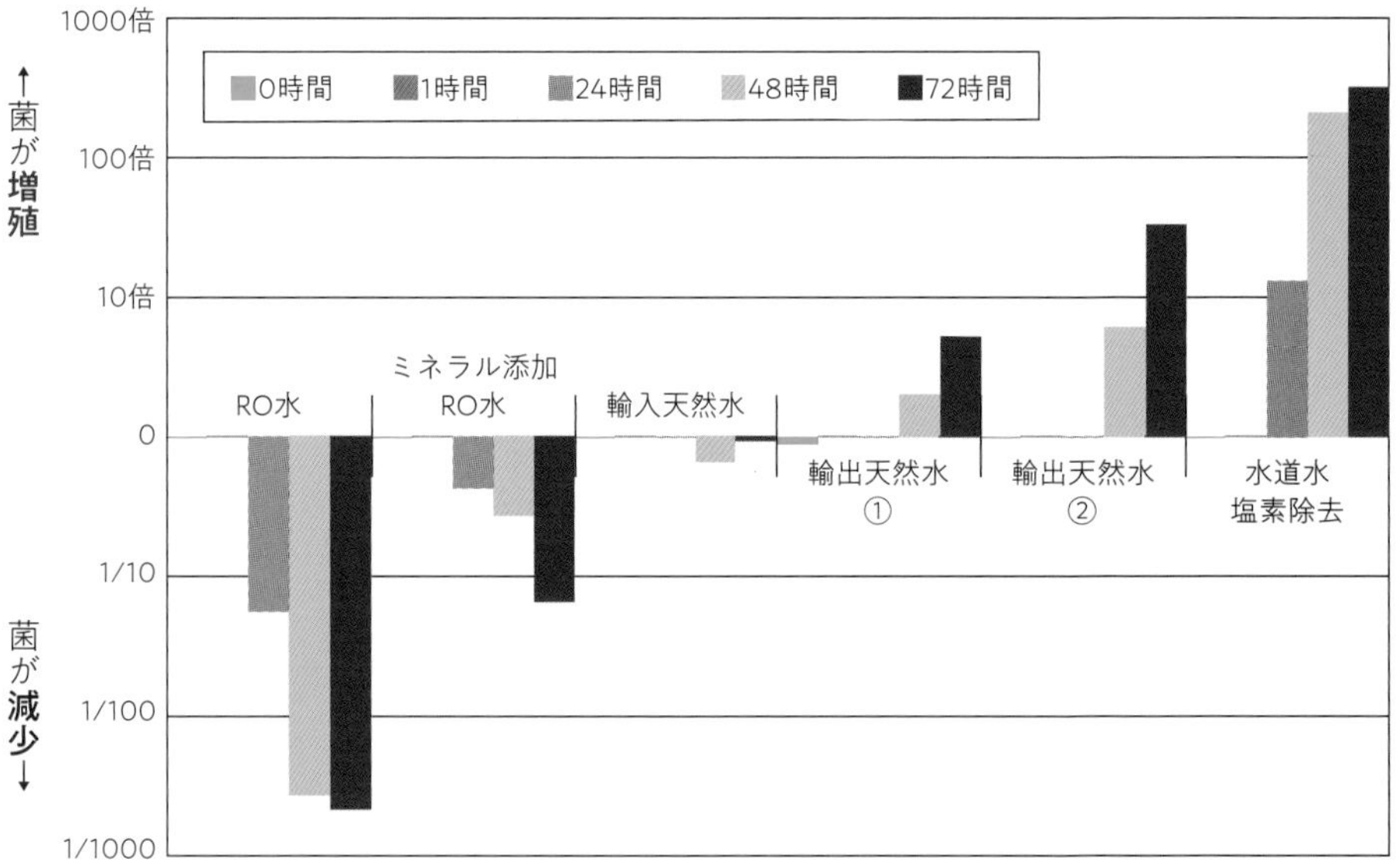

出典：水を考えるプロジェクト（2015年）

「水を考えるプロジェクト」が2015年3月に報告した調査によると、災害時には、ペットボトル等の貴重な水を時間をかけて少しずつ飲まなければいけない状況が発生するが、一部の原水では菌が増殖する傾向が見られている。一部の国産天然水で菌が増殖する結果が出た一方、ウォーターサーバーなどで多く利用されている逆浸透膜(RO膜)で処理した水「RO水」では菌数が減少する傾向がみられた。ライフラインが止まり、貴重な水の使用に制限が出るような環境下では、使用用途によって水を使い分けることが必要だ。

重要なのは日ごろからの心がけだ

体温保持の方法があるならば、あとは飲める水と火さえあれば理屈の上では3週間近く生きられる。「理屈上」と述べたのは、生存に必要な五要素が揃っていたとしても、ショックや衰弱で健康を害し、時には命を落とすこともあるからだ。つがいの鳥の片方が死ぬと、寂しさのあまり、その相手も間もなく死ぬ事があると聞くが、精神的エネルギーを維持することはサバイバル状況での課題となる。とりあえずは、生きるモチベーションを維持できると考えて話を進めよう。3週間経つころには救助が来ている可能性が高いから、実質的にサバイバルは成功だ。だが水がなければ3日以内に命を落とすだろう。だから、水の価値は計り知れない。

よく「どのくらい水を備蓄すればいいですか」と聞かれるが、いつも「置けるだけ置いて、持てるだけ持つ」と答えている。ところが、持ち出す場合には水の重さが課題となる。市販の持ち出し袋でも、キャリーケースで水を運ぶ方式になっているものがあるほどだ。

飲用としてはもちろん、洗濯やトイレなど生活上さまざまな場面で水は必要だ。数週間にまで断水が続くと、生活が立ちゆかなくなる。非常時の断水や水不足に備え、日ごろからの心がけが重要だ。

PATTERN A

３日分の備蓄量を把握する

1人／1日

2リットル

健康を維持するためには一人あたり１日約２リットルの飲料水が必要だと言われているからだ。通常、持ち出し袋は72時間のサバイバルを想定している場合が多いので、４人家族が３日間生き延びるためには27リットルもの水が要る。家に備蓄する場合には、置ける場所があるのであれば、これ以上は備蓄したい。

PATTERN B

携帯浄水器を準備する

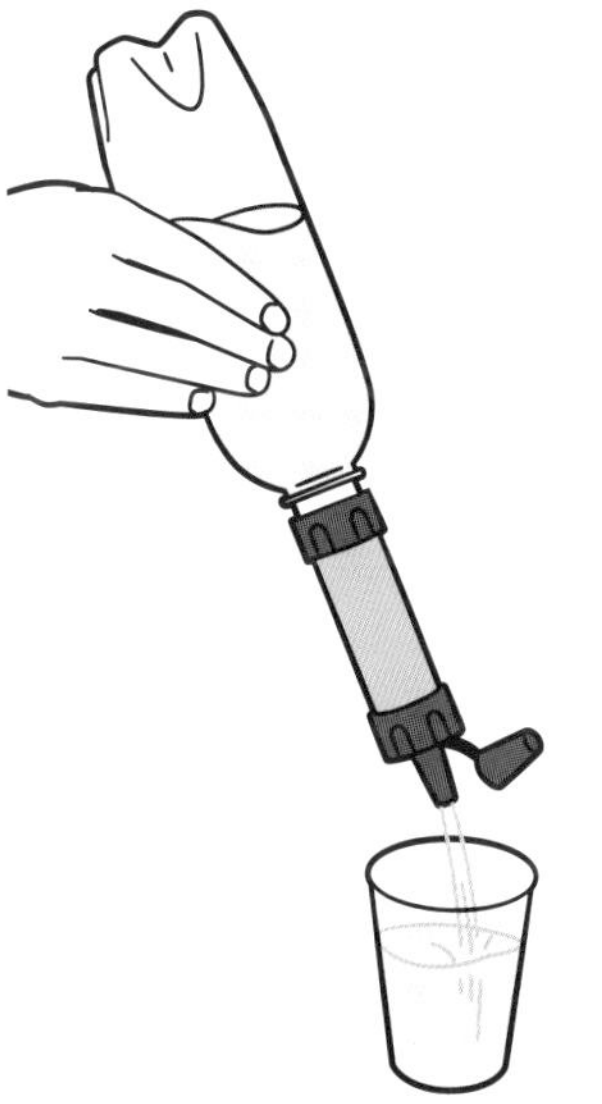

もっとも手軽で、必ず持ち出し袋に入れておきたいのが携帯浄水器だ。菌、バクテリアまでをも除去してくれる小型浄水器が発売されている。都市災害用浄水器を選ぶポイントの一つは、菌やバクテリアだけではなく、都市の水に混入する可能性がある農薬や重金属なども除去できる浄水器を選ぶことだ。高性能の浄水器さえあれば、川の水を飲まなければいけないという最悪の事態でも生き延びられる可能性が高まる。

PATTERN C

お風呂の水をためておく

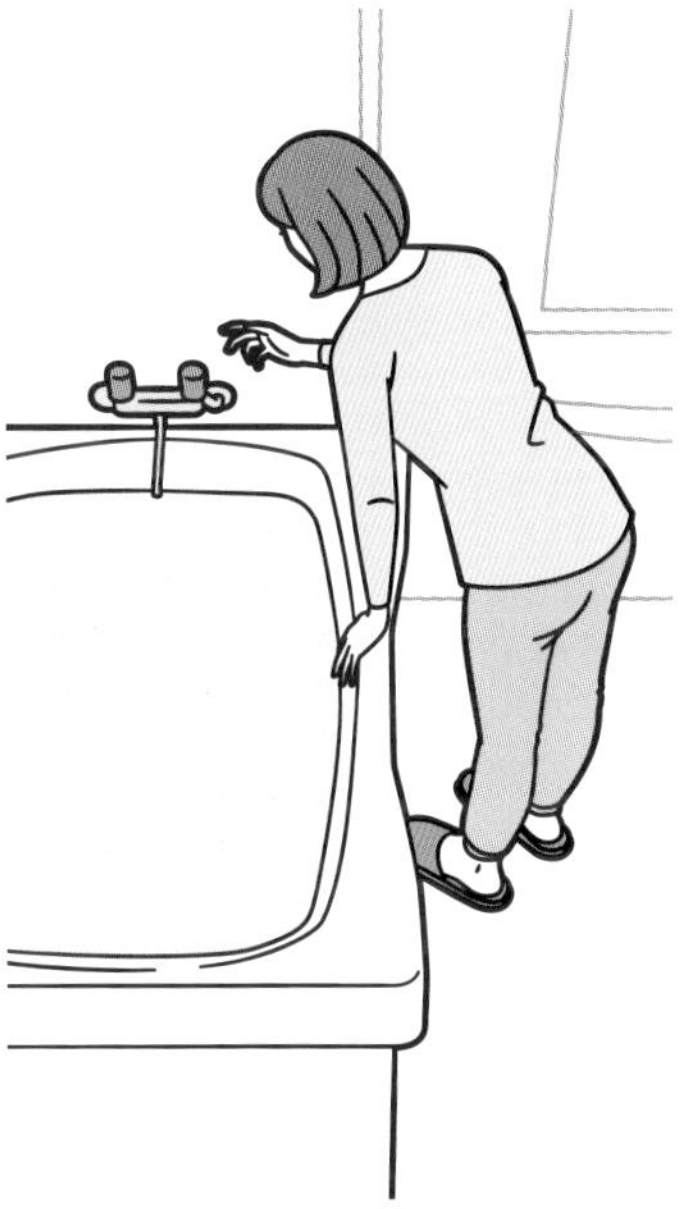

風呂に常に水をためておくと常に１６０～１８０リットルの水が手に入る。なんと心強いことか。ただし、風呂の水は飲み水以外の生活用水として色々と使えるが、飲み水としては使用しない方が良い。また、小さなお子さんがいる家庭では、水をためるのは避けたほうがいいかもしれない。溺死事故の危険があるからだ。少なくとも日本の消費者庁は、子どもを事故から守るために風呂の水を抜くことをすすめている。

SURVIVAL TECHNIQUE

010

想定されるシチュエーション

水不足

「悪あがき」としての浄水方法①

Methods for Purifying Water in Survival Situation 1

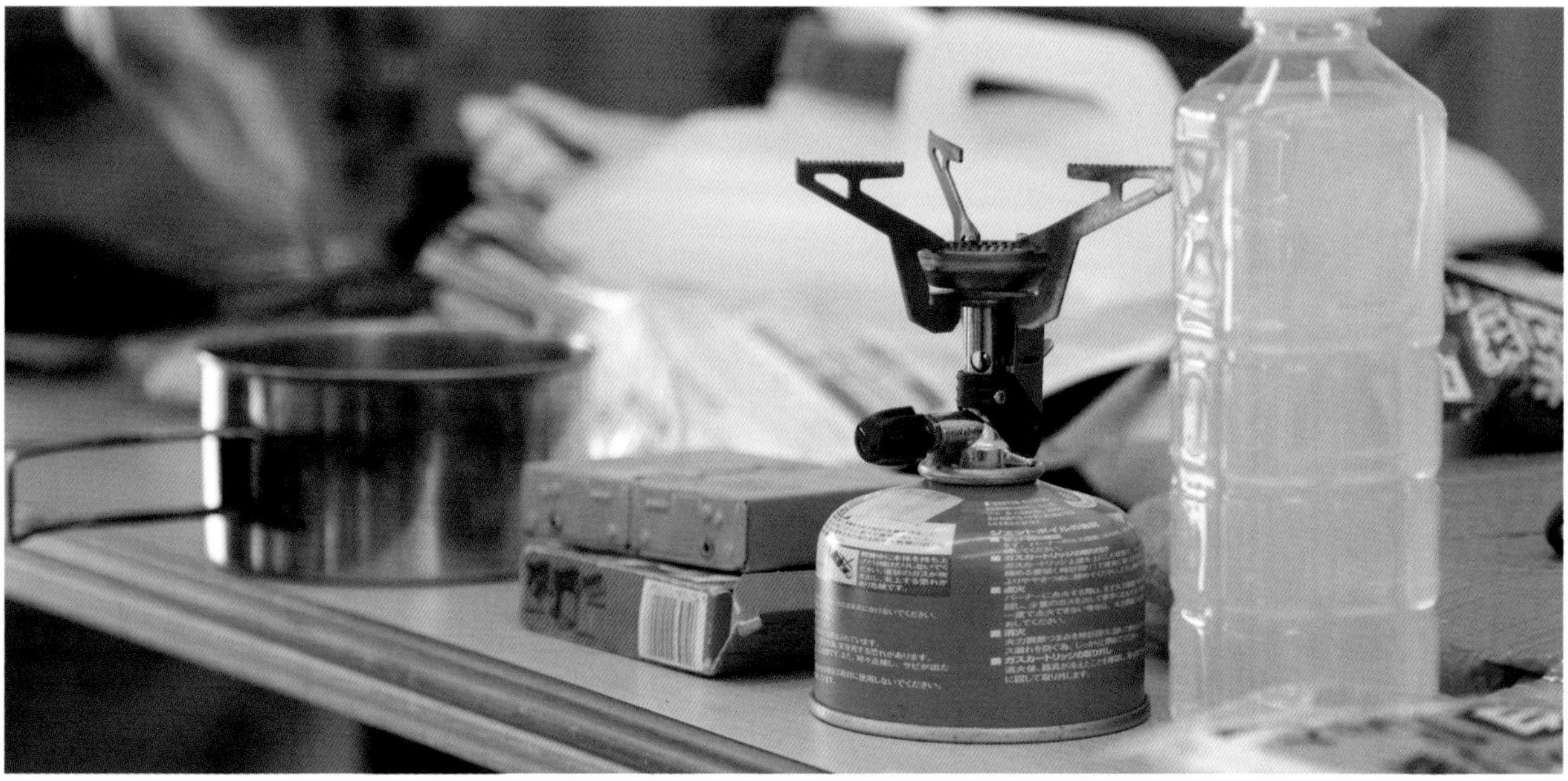

なすべき事がないという状況が一番の恐怖

次の浄水方法を**都市の河川の水で試しても、必ずしも安全な水にはならない**。その意味では「悪あがき」だが、成功する場合もあるので、ぜひ覚えておこう。そして悪あがきの方法を知っていることは、絶望的な状況下ではかなりの励みになると言われている。なすべき事がないという状況が一番の恐怖なのだ。まず、自身で試してみてテクニックとして自分の中に持つということ。これが災害時に生きてくる。

持ち出し袋に、

- ●水を汲む鍋など
- ●煮沸した水を飲むカップ
- ●火（キャンプ用の小型コンロなど）

を入れておく。うまく選べば意外にコンパクトになる。これで煮沸殺菌ができるわけだがその際最低2、3分は沸騰させなければいけない。水が沸騰し、１００度に達した時点で、水に繁殖する菌やバクテリアは処理されるのだが、容器などは間接的に熱せられるだけなので、多少時間をかけたいというわけだ。水を汲む容器と煮沸した水を飲む容器を分けているのは、川などの水を汲む際に容器の外に付着した水が口に入ることを防ぐためである。その意味では、可能であれば、川から水を汲む容器と煮沸する鍋も分けた方が良い。

SURVIVAL TECHNIQUE
011

想定される
シチュエーション

水不足

「悪あがき」としての浄水方法②

Methods for Purifying Water in Survival Situation 2

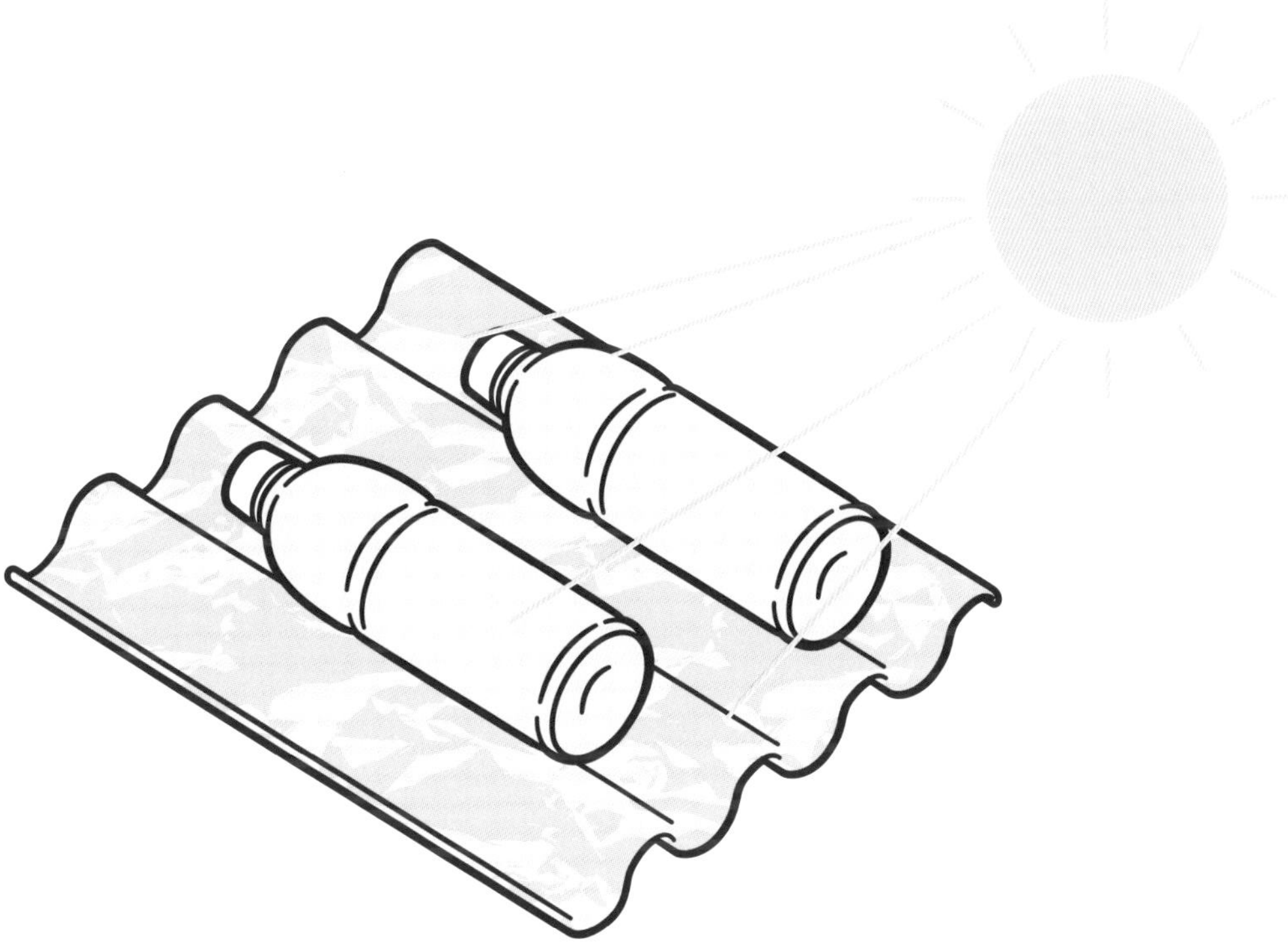

太陽を利用した浄水方法

透明のペットボトルなどに水を入れ、それを6時間ほどしっかりと太陽に当てるのである。すると、紫外線が水を浄化してくれるのだ。その際に、光が反射するようなシートやアルミホイルを敷き、その上に水の入ったペットボトルを置く事で効果が高まる。ただしこの方法は、水が透明でなくてはならない。濁りやゴミなどがあると、光が水を通らなくなってしまうからだ。この方法を利用した浄水器も市販されている。日焼けマシーンに使われているようなライトを利用したものだ。ウイルスまで除去されるという。ペットボトルを長時間日光に当てると、ペットボトルの樹脂が溶け出すとも言われているが、ただちに健康に影響のあるものではないので、水なしでは数日間しか生き延びられない事を考慮すると、飲むという選択肢も考えなくてはならない。

SURVIVAL TECHNIQUE

012

想定されるシチュエーション

水不足

「悪あがき」としての浄水方法③

Methods for Purifying Water in Survival Situation 3

蒸留による水を得る方法

これは水を浄化するというより、水を集める、得る方法に分類されるのかもしれないが、水分を含む地面や集めた植物の上にビニールシートや底を切り取ったペットボトルなどをかぶせ、植物から蒸発する水分を水滴として集める、または水を沸騰させた際に立ち上る蒸気を捉え、一箇所に集めるという理屈である。方法と理屈が革新的な感じがするのと、水源のない乾燥した場所でも水を得られること、また、淡水のない無人島などで海水を真水に変えられること、そして蒸留という性質上、かなり純度の高い水を得られることから、サバイバル本などでは必ずと言って良いほど掲載されている方法だ。また、寒暖差がある日であれば、葉っぱの上に朝露が溜まる。それを集める方法もある。

ただし、これらの方法は、得られる水の量が少ない。飲み水を得る方法としてメインにするには厳しいのではと思う。植物などから蒸留水を得ようとした場合、かなりの量の植物を集め、数時間をかけても、すするくらいの量の水しか集められない。しかし、得られる水がほんの少しであったとしても、その少量の水を舐めるように摂取し、日陰で動かずじっとしていれば、数時間や半日長く生きながらえる事ができるかもしれない。**1分、1秒でも長く生き延びられれば、生存の確率は高くなる**という名言がある中、数滴の水でも貴重に思い、扱う姿勢は大切にしたい。

SURVIVAL TECHNIQUE

013

想定されるシチュエーション

水不足

簡易なろ過器で水を浄化してみよう

Purifying Water with Improvised Water Filter

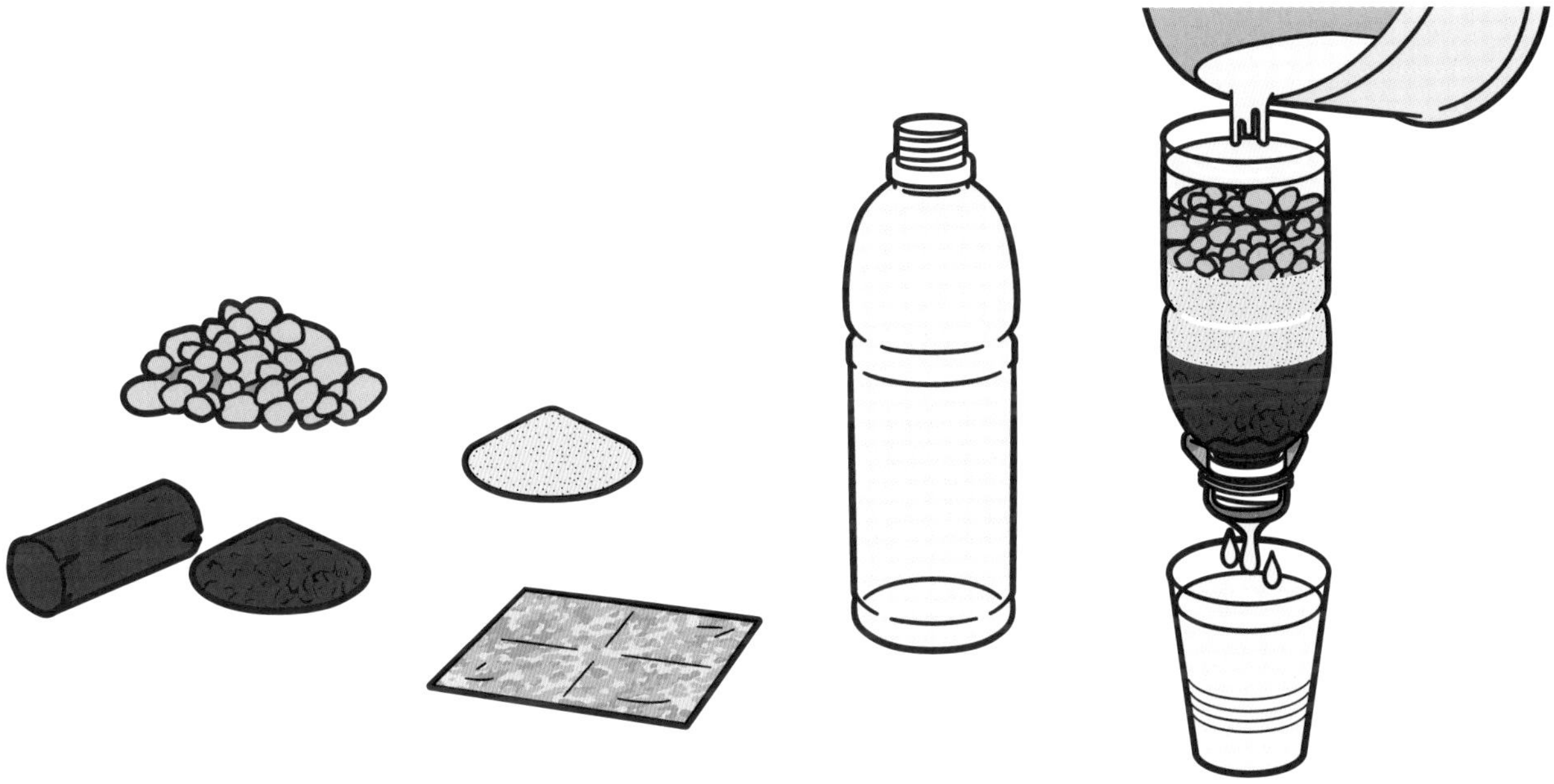

ろ過器を通して不純物を取り除く

殺菌ではなく、細かいゴミ、色や味、臭いを取り去り、飲む水をより美味しくするための方法を紹介する。持ち出し袋に用意するのは、

- てぬぐいやバンダナ
- ペットボトルなどの筒状のもの。ペットボトルであれば、底を切り取っておく。
- 砂と砕いた炭

ペットボトルの中に、炭、砂の順で入れ、濾過層を作るだけだ。状況が許すのであれば、更に小石の層を砂の上に設ける。大きなゴミがここでトラップされて、目詰まりを防ぐし、砂や炭の層に対して、小石の重さが圧をかけてくれるお陰でそれぞれの密度が増し、濾過能力を高めてくれる。逆に小石の層がなければ、勢いよく水を入れた時などに、砂や炭が浮いてしまい、濾過層がスカスカになってしまうので注意してほしい。砂の層が細かいゴミを除去し、炭は、それでは取りきれない水の色や臭い、味を除去してくれる。しばらくは砂や炭から濁りが出るが、やがて透明な水が出るようになる。水の出口には手ぬぐいなどで蓋をし、炭が流れ出ないようにする。キリなどで小さな穴を開けたペットボトルの蓋でも良い。濾過後に煮沸することを忘れてはいけない。**濾過器が作れない場合は、布を通すだけでもかなりの違いが出る。**汚れや濁りはもちろん、菌やバクテリアの「除去」とまでは言わないが、その量は間違いなく減らす事ができる。

SURVIVAL TECHNIQUE

014

想定されるシチュエーション

停電

「火」の二つの役割を活用しよう

Two Main Roles of Fire

カセットボンベの心得

製造から**約7年以内**を目安に使い切ろう

1週間家族4人で**12本**は必要

火には「明かり」と「熱」の二つの側面があるが、これらはわれわれが毎月支払う光熱費に当たると考えるとわかりやすい。**都市災害後の状況では、火を扱うことは控えるようにとの指示が来ることは非常に多い。**余震のリスクや、さまざまな可燃物が散乱しているような状況の中、火を使う危険性は確かにあるので、そのような場合には、使用は極力控えるべきだろう。また、光と熱を火から得るという事を認識していれば、火を焚かなくともそれらを得る事が出来るかもしれない。自分の置かれた状況を観察し、何が使えるか見極めてみよう。それから、暗さというのは一瞬パニックになるが、しばらくすると、暗さに目が慣れてくる。そうすると、暗くなってしまった直後には想像できないほど見えるようになる。そうなってから必要なものにアクセスしてもよい。次に、火の熱源としての役割について。まず重要なのは、前述した水の煮沸である。これが出来れば、かなり心強い。家に備蓄しておくと活躍するのが、鍋用の卓上コンロだ。卓上コンロさえあれば調理も簡単だし、大きい鍋と組み合わせれば大量の水を煮沸消毒することもできる。**サバイバルの理想は日常を継続すること**である、という法則を忘れないでほしい。日常に近ければ近いほど成功なのだ。電気やガスが途絶えても、卓上コンロで冷蔵庫の食品が傷む前に調理して食べ、いつもの布団で暖をとりながら眠ることができれば、サバイバルとしては１００点満点である。体力も気力も充実した状態で助けを待つことができるだろう。

PATTERN A

LEDランタン ライト

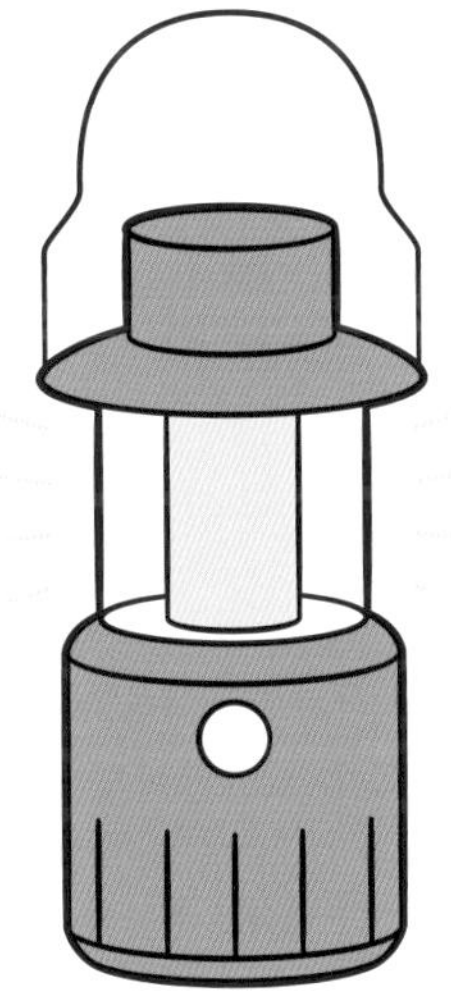

災害時に電気が途絶え真っ暗になってしまう部屋では、キャンプなどで使うLEDランタンなど、周囲を明るく照らすものが有効だ。注意すべきことは1つでは誰かが使用している時には誰かが使えなくなってしまう。明るく、点灯時間も長く、丈夫なLEDランタンはリビング、キッチン、トイレ用に3台用意するといい。

PATTERN B

ヘッドライト

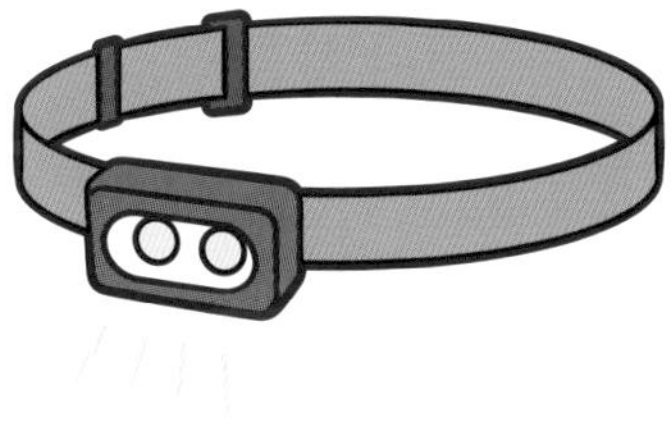

災害時には実は懐中電灯よりも、両手が空くヘッドライトが断然有効だ。ランタンなどの散光型ライトに対して、ピンポイントで照らすためのものだ。両手が空くので、停電時の移動や作業をする際に非常に便利である。ヘッドランプの選び方で最も重要なポイントが明るさだ。「ルーメン(lm)」と呼ばれる単位で表記される。夜間に使用する場合は、100ルーメン以上の製品がおすすめだ。

PATTERN C

乾電池 携帯充電器

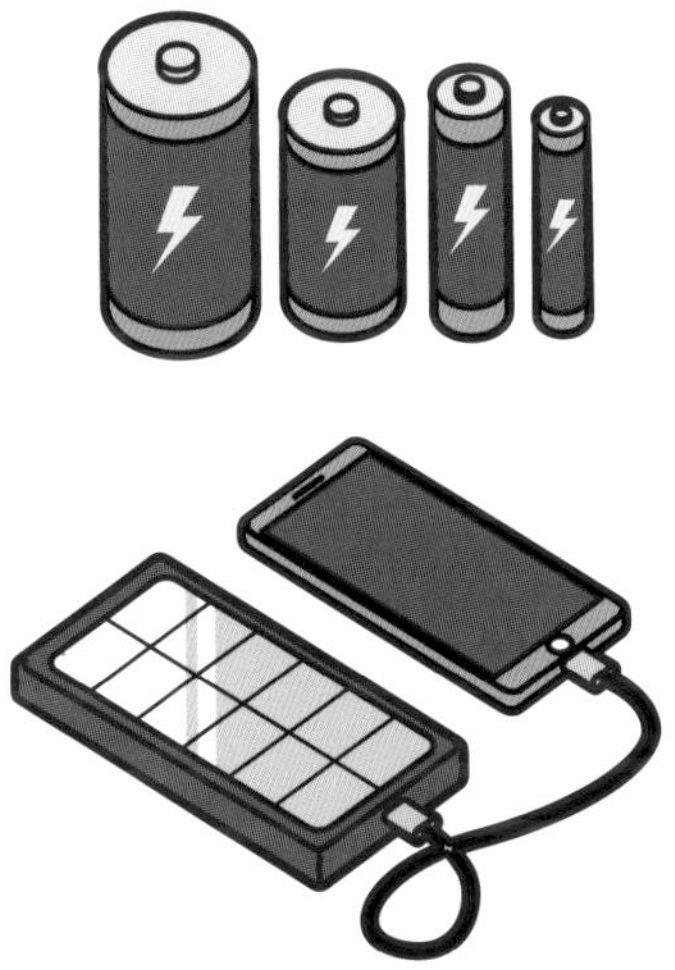

ランタンやヘッドライトを常備していても、いざというときに使えなければ意味がない。スペアの電池を用意し、保管場所は直射日光、高温多湿を避けて保管すること。保管温度は10℃から25℃が適切。35℃を超えないように気をつけよう。最近では、10年間という長期間保存できる電池が主流となっている。乾電池不要のソーラー充電器や手回し充電器が補助的に付いているものがあればさらに安心だ。

SURVIVAL TECHNIQUE

015

想定されるシチュエーション

停電

火をおこすことの難しさを知ろう

The Difficulties of Making Survival Fire

水を入れたビニール袋をレンズ代わりにする方法

「サバイバル術」というと火をおこす方法が紹介されることが多い。しかし、火をおこす行為は、経験がない人にとってはかなり難しい。枯れ木に火をつければ燃え続ける、というものではないのだ。**火をおこすためには、火をつける点火材、点火材の火を安定した炎に変える着火剤、長時間燃え続ける燃料と、三つの材料が必要になる。**点火材にはマッチやライターが相当する。バックアップとして、金属製の火打ち石とでもいうべきメタルマッチも持っておきたい。点火材の火は、ただちに着火剤に移す。着火剤はすぐに燃える新聞紙や枯れ葉が良い。マッチ一本で着火できるくらい燃えやすいものを目安にすると良いだろう。着火材に火が燃え移ったら、薪など、一度火がついたら長く燃え続ける素材に火を移し、ようやく焚き火が完成する。とはいえ、焚き火はかなり難しい。都市災害に見舞われた緊急時に、道具を使わずに火をおこすのは焚き火に輪をかけて難しい。私も「水を入れたビニール袋をレンズ代わりにする方法」などを紹介したことがあるが、どれも非常に難しい。**緊急時にできるためには、普段から練習してコツをつかんでおかなければいけない。**私も失敗することも珍しくない。よほど条件が揃わないと火はつかないのだ。したがって、点火材はバックアップも含め、必ず持ち出し袋に入れておきたい。いざというときに道具のありがたさを痛感するだろう。

地震災害後のライフラインの 復旧日数と優先すべき防災順位

災害が発生した際、ダメージを受ける部分として様々なことが考えられる。自宅で言えばタンスや大型家電の冷蔵庫やテレビが倒れたり、小物だと花びんや食器類が揺れによって割れたりしてしまうこともある。しかし、より大きな視点で言えば電気・ガス・上下水道設備のダメージが継続的かつ受ける被害としては大きく、これらインフラ（ライフライン）設備のダメージを元に戻すまでの時間が気になるところだろう。
今回はインフラ設備が被害を受けたあと、復旧するまでの期間と自ら対策しておくべき優先順位について考えよう。大きな地震災害で真っ先に思い当たるのは2011年3月11日の東日本大震災だ。人的な被害も死者・行方不明者を含めると約2万人と甚大だったことが思い出される。なお、停電は850万世帯、ガス不供給は46万世帯、断水は230万世帯だった。復旧にかかった時間と日数は下記の表を参照してほしい。

インフラの復旧には時間が必要だ。地震災害では当然ではあるが地面ごと揺れるため、一般的に地下に埋められている水道管やガス管、通信ケーブル、地上に設置されている電柱や電線なども揺れによるダメージを受けてしまう。ライフラインとしてのインフラ設備が復旧するのは、電気＞＞水道＞＞ガスとなる。地震の規模にもよるが「電気」は数日中で使用できるようになると考えられるため、通信手段や情報収集用のスマートフォンが電池切れしない程度を確保できれば良いかもしれない。「水道」は数日〜3週間程度が復旧に必要となる。「ガス」は1週間〜1ヶ月程度が必要となり、復旧に最も時間はかかる。またガスは可燃性のため濃度が高くなってしまうと爆発、炎上する可能性もある。ガスの主な用途として食事の調理やお風呂、シャワーで使用されると考えられる。使えなければ当然に不便だが代用も可能と考えられる。優先すべき防災順位は常に意識していよう。

過去の地震災害での復旧にかかった時間と日数

インフラ	当日	1日後	3日後	1週間後	2週間後	3週間後	5週間後
電気	10.8%	52.2%	78.8%	98.6%	—	—	—
ガス	0%	—	—	9%	13%	42%	99%
水道	—	—	50%	66%	88%	99%	—

出典：東日本大震災水道施設被害状況調査報告書（平成23年度　厚生労働省）

SURVIVAL TECHNIQUE

016

想定されるシチュエーション

停電・寒冷

自分好みの着火スタイルを身につけよう

Preparing Your Own Fire Starting Kit

イザという時に、周りにあるものを活用してサバイバル的に着火をする技術も是非覚えておくべきだが、日頃から自分が得意な点火、着火道具をセットにしておけば、有事の際に大活躍する。キャンプなどをする人は、その際にも楽しく利用できるものを作成すると良い。私の例を紹介してみよう。焚火をするためのセットではあるが、都市災害にも大いに活用できる。

今回紹介するファイヤースターターキットのコンセプトは、以下の通り。

●普通のマッチ、ライターを基本とする。
●バックアップ（マッチが濡れた時など）でメタルマッチを準備する
●薪は小枝など、その場で調達する
●雨で湿った薪しか手に入らなくても着火可能と知っておく

マッチは、個人的に気に入っている着火道具だ。そんなに長い時間ではないが、「炎」を出してくれるのが大きな利点だ。杉の枯葉など、多少キメの粗いティンダー（燃えさし）にも、直接着火する。まずは、試してみて、自分好みの着火スタイルを身につけよう。

PATTERN
C

ワセリン
コットンラップ
（着火剤）

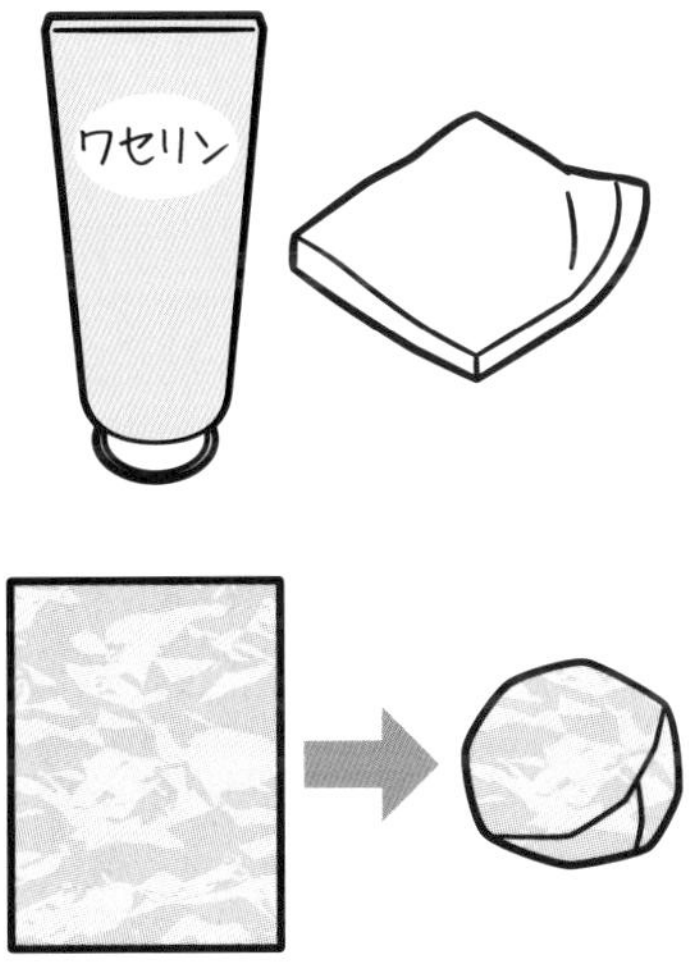

ワセリンコットンラップは脱脂綿などのコットンで、ワセリンをラップ（包む）したものだ。
①広げたコットンの中心にワセリンを搾り出す。
②コットンでワセリンを包み込みボール状にし、更にそれをアルミホイルで包む。
③防水性のある袋に入れたら完成。
約６分間ほどの燃焼時間があり、ここぞと言うスポットに炎を当て続けることができるので非常に便利な着火剤だ。

PATTERN
B

メタルマッチ

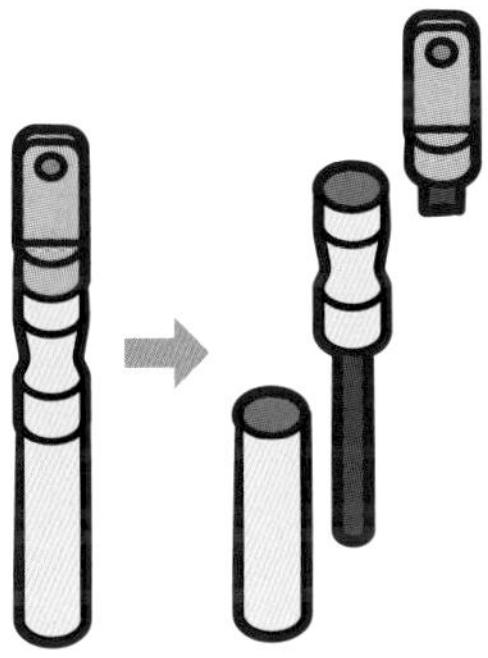

メタルマッチとは 着火温度の低いフェロセウム合金などの金属を使って火を起こす道具だ。商品によってファイヤースターターと呼ばれている。 金属とはいえ軽量・小型なので、携帯がしやすくアウトドアはもちろん災害時などさまざまなシーンで活躍する。メタルマッチは、火花が散るだけなので、それを炎にするためのティンダーが必要になる。色々なものがティンダーとして使えるが、麻の紐をほぐしたものなどがよい。

PATTERN
A

ライター

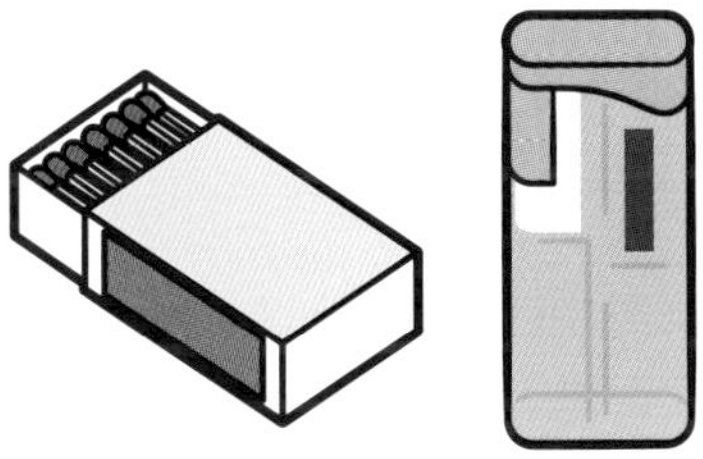

ライターはコツを掴めばある程度の間炎をキープできる。少し湿ったティンダー（火口）に炎を当て続けて、乾燥させながら、ちょっと強引に着火させる事も可能だ。ライターは風などに弱いが、濡らさない、風を除けて焚き火をしなければならないという状況が、風向きなどの自然をきめ細かく感じる気付きをもたらしてくれるだろう。

出典：カシオ計算機　WILD MIND GO! GO!「ブッシュクラフト入門#9　ファイヤースターターキットをカスタマイズ！」
https://gogo.wildmind.jp/feed/howto/136

SURVIVAL TECHNIQUE
017

想定される
シチュエーション
避難生活

サラダ油を利用したランプの作り方

How to Make Improvised Oil Lamp

光源、熱源、両方に使用できる即席ランプの作り方を紹介しておこう。東日本大震災直後の「買占め」が起きた際、私の近所のスーパーからは、卓上コンロのガスボンベ、電池、アウトドア用品の燃料などが一切なくなった。その中で、サラダ油はたくさん残っていたのである。実はこれが燃料になることを是非知っておこう。

即席ランプを作るのに必要なものは、

- ●アルミホイル（針金、ゼムクリップなどでも可）
- ●ティッシュやキッチンペーパー、綿の布、綿ロープなど芯になるもの
- ●耐熱性のコップやジャム瓶
- ●油（サラダ油）
- ●マッチやライターなど火をつけられるもの

容器に油を入れ、芯を入れて油を染み込ませ、露出している芯の部分に火をつける。芯を油面より露出させておくための、何らかの「芯立て」も必要になる。よく使われるのはアルミホイルだ。危険に思えるかもしれないが、たとえばサラダ油でこのランプを作っても、オイルが高温でない限りは、もし倒れてもあふれた油に着火する可能性は低い。もちろん炎が油面から近すぎたりすると油はどんどん加熱され、着火する可能性もある。天ぷら火災と同じような事が起きるかもしれないのだ。この方法を上手に利用すれば、アルミホイルなどを反射板にして増光させ、明かりとして利用する事もできるし、炎の数を増やせば、お米を炊く「熱源」として利用することさえできるのだ。

SURVIVAL TECHNIQUE
018

想定されるシチュエーション
避難生活

ツナ缶を利用したランプの作り方

How to Make Improvised Lamp with Can of Tuna

ツナ缶が1時間燃え続けるランプに変身する方法を伝授する。もちろん燃焼後は美味しく食べられる。こちらに必要なものは

- ツナ缶（油を使っているもの）
- 布（ティッシュのこよりでも代用可能）
- マッチやライターなど火をつけられるもの

のみだ。油漬け・オイルサーディン系の缶詰ならばツナ缶以外でも使える。缶とツナのすき間に入る程度の大きさに切った布などを浸す。その際に立てた布の縁に着火すると、うまくいけば調理用コンロのように円を描いた炎が出て、煮炊きに便利になる。ランプが燃え続ける時間は、ツナ缶の種類、大きさ、芯の素材や形によって変わるが、標準的なツナ缶を使った場合はおおよそ1時間前後が燃焼時間の目安だ。油がなくなると火が落ちるのだが、燃え残った布を取り外したあとのツナはグリルされ非常に美味しい。その際、芯として使われる布などに有害な成分が付着していないか、しっかりと裏をとってから食べることを忘れてはならない。

しかし、ツナ缶ランプは、大地震の直後の明かりとしては絶対に使用しないでほしい。大きな被害をもたらす規模の震災となった際、地震直後は辺りに木くずや粉塵、がれきや木片が飛散している。ロウソクなども、裸火をつけると大火災の原因になりかねない。周囲が落ち着くまで絶対に火は焚かないようにしよう。

SURVIVAL TECHNIQUE 019

想定されるシチュエーション
避難生活

食料の備蓄のコツを身につけよう

Tips for Stockpiling Food

ここまで読んでくれた方はお分かりのように、極論を言えば食べ物は72時間生存を想定した非常用持ち出し袋には入っていなくても大丈夫だ。とはいえ、1日3食を食べる現代人にとっては、丸一日食べないだけでも辛い。また、そのライフスタイルに慣れてしまったわれわれが、災害後というストレスの中で断食をすると、体調を壊す事も珍しくない。実際に頭痛や腹痛、倦怠感などはよく報告される症状と言われる。また、寒い時は食べる事で体が温まる。優先順位が低いとはいえ、食は生きるために必要な要素である。短期間のサバイバルといえども、ないよりはある方がいいし、なによりも美味しいものを食べると元気が出る。

食べ物は心の栄養だ

心に生き抜くモチベーションを与えるという意味で、食べ物は重要だ。また、食べることには体温保持の効果もある。**災害後、まず消費するべきは、家の中に留まることのできる場合は特に、冷蔵庫にある、日持ちのしないものだ。**光と熱があり、水さえ飲んでいれば、食べなくても3週間生き延びられるのだが、食べられる時には食べておこう。イギリスの精鋭特殊部隊であるSASの隊員が実体験を綴った小説の中で、敵に捕虜として捕まる直前に、持参していた食料をすべてたいらげるというシーンが、個人的に非常に強く心に残っている。サバイバル食の一般的な基本セオリーは、高カロリーで軽量、保存がきくものだ。つまり乾パンや缶詰、フリーズドライ食品である。缶詰は保存期間もかなり長いので、家に備蓄するだけでなく、少し重いが、非常用持ち出し袋にも入れておきたい。そんなセオリーもあるが、そこまでこだわりすぎることはない。その人が何を重要視するか、何を食べると活力が出るのか、個人的な嗜好が入っても良いのではと思う。**何も災害用食料にこだわらなくてもよいのだ。**ジャンクフードが好きな方はジャンクフードを入れてもいい。もちろん、そういった食品は、当然足も早い。そこで、あるインストラクターのアイデアだが、非常用持ち出し袋を目のつきやすい場所に置いておき（これは非常に重要だ。すぐ持ち出せる場所になくてはならない）、中に入っている食料の消費期限をバッグの外側にタグ付けなどしておく。そして期限が来たら、新しいものと入れ替えるのだ。好きなもの、常食しているものが入っているので、定期的にそれを食べる事も苦にならない。食べ物は心の栄養なのだ。

PLAN C

フリーズドライ食品をフル活用する

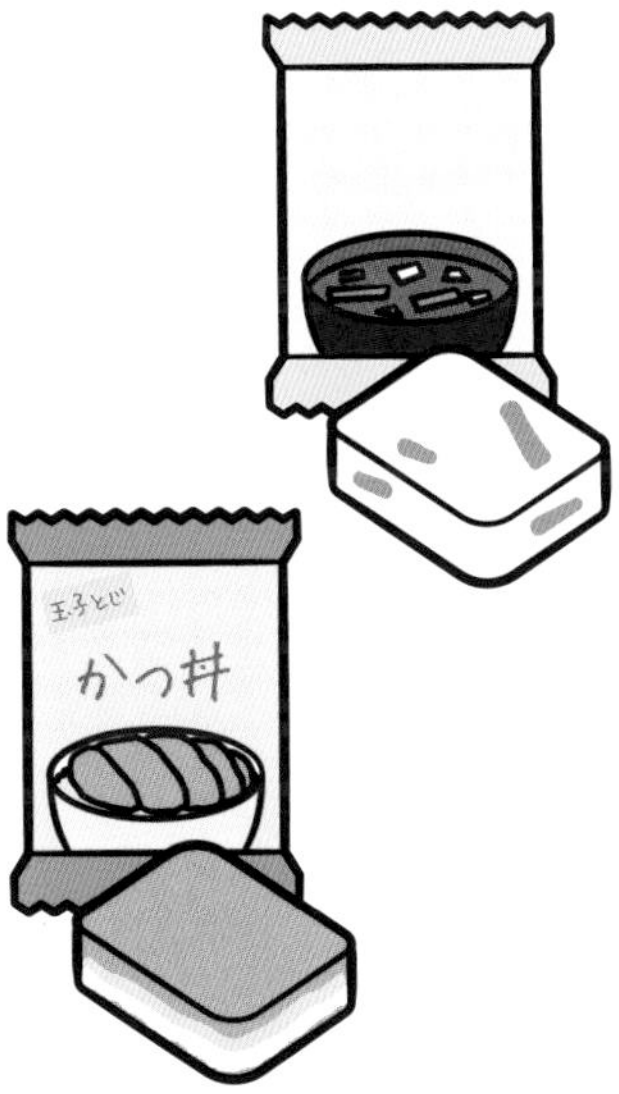

災害後の食事は、米や麺、パンなどの炭水化物がメインとなり、野菜が不足しがちになる。宇宙食にも利用されている、お湯さえあれば食べられるフリーズドライ食品が避難生活には最適だ。特にフリーズドライ食品は、栄養価を損なわず野菜がしっかり摂ることができる。メニューも豊富で、味も比較的よいので、積極的に非常食に取り入れておこう。

PLAN B

食料の備蓄は1週間

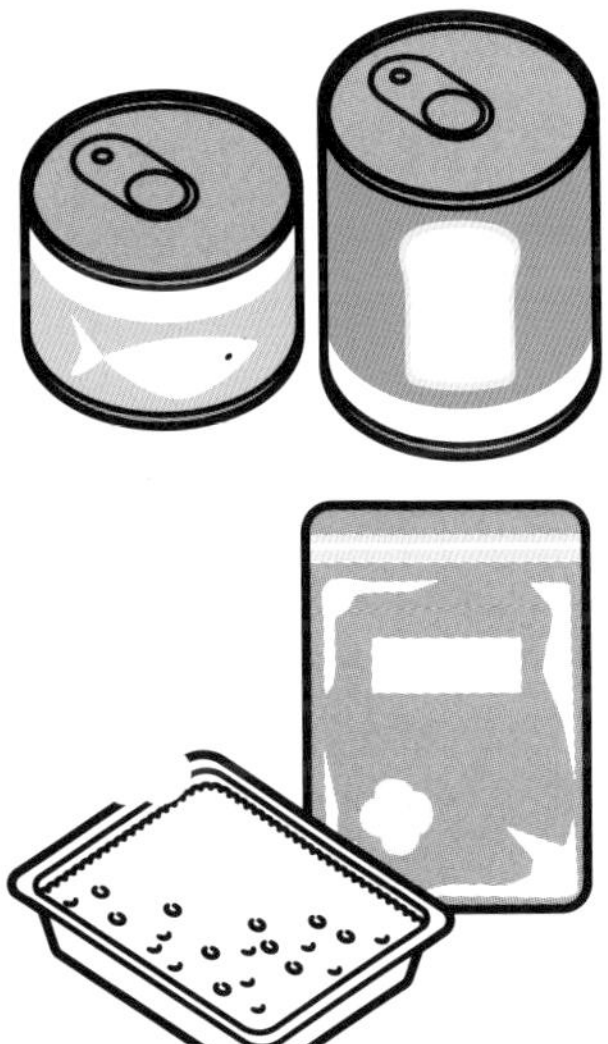

東日本大震災以降「1週間以上の備蓄」が推奨されるようになった。大災害のときには広いエリアの地域が被害を受け、なかなか救援が届かないことが想定されるからだ。ただし、非常食はこれまで通り3～4日分の備蓄でOK。残りの3～4日分は冷蔵庫の中のものや普段から買い置きしているものなどでしのげる。非常食の味は事前にチェックしておき、自分の好みに合ったものを準備しよう。

PLAN A

仮説の冷蔵庫を準備する

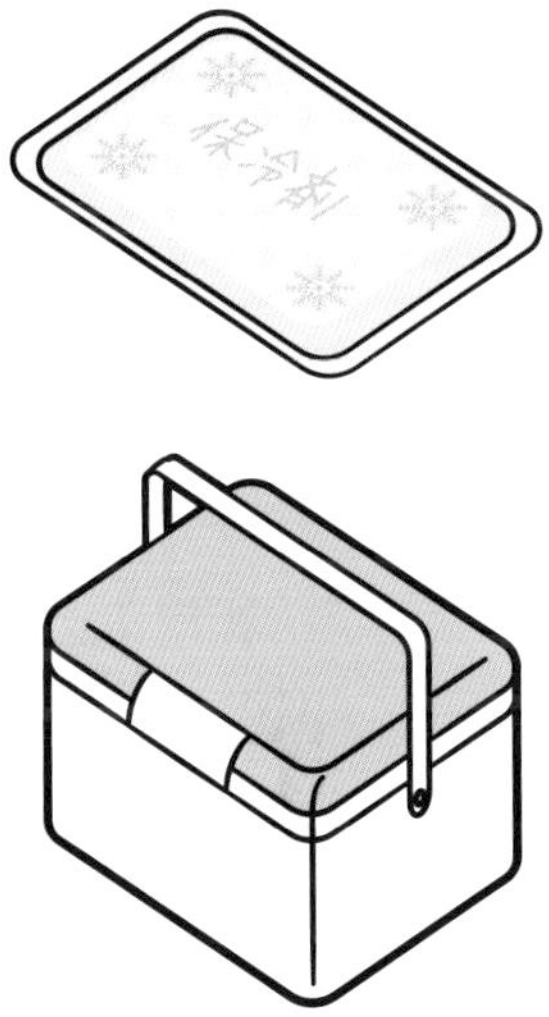

停電後の冷蔵庫はただの箱となる。中の食材が傷んでしまう前に、最初は冷蔵・冷凍庫のものから消費するようにしよう。自然解凍で食べられるような、ご飯、パン、野菜等をふだんから備蓄しておこう。食パンや野菜等は自然解凍で食べる事が可能。また冷凍庫には常に保冷剤や氷を用意しておくと、いざというときに便利だ。クーラーボックスと併用すれば仮設の冷蔵庫を一定期間確保できる。

SURVIVAL TECHNIQUE

020

想定されるシチュエーション

避難生活

ローリングストック法を活用しよう

Rolling Stock Method

「災害時に備えた食品の家庭備蓄」と聞いたとき、どのようなイメージを持つだろうか？

「何からはじめればいいか分からない」「毎日忙しくて、そこまでやる余裕がない」「一度やってみたけど、なかなか続かない」「備蓄のためのスペースもお金もない」などというのがほとんどだろう。しかし、大きな災害が発生し、物流機能が停止した場合、スーパーマーケットやコンビニの店頭で食品が手に入りにくくなる。

日常生活とはかけ離れた環境で生活しなければならない。そんな時、いつもと変わらない、温かく、栄養バランスのとれた食事があれば、心と体が満たされる。

近年、災害が頻発しているわが国において、安心して暮らすためには、食品の家庭備蓄を非日常のものと考えるのではなく、日常の一部として普段から無理なく楽しみながら取り入れていくことが大切だ。災害発生から3日を過ぎると生存率が著しく下がってしまうため、災害発生から3日間は人命救助が最優先になる。道路の復旧や避難所への物資輸送はその後になるので、まずこの3日間を自力で乗り越えられるよう準備しよう。

食料品については、チェックシートを活用してほしい。以下の項目を重視して選ぶようにしよう。

- 常温で長期間保存できるもの（半年以上を目安に）
- 加熱がいらないもの、お湯が必要ないもの
- 携帯しやすいもの（パッケージ商品）
- 普段から食べ慣れているもの

備蓄用食料品をチェック

	備蓄品の例		備蓄数と不足数をチェック			
	1日分の目安（1人）	商品の例	家に備蓄している食品名	必要数（家族の人数×3色×3日以上）	家にある備蓄数	不足数
飲料	約3L	飲料水		□人×3（食）×3（日）=□個以上		
炭水化物を摂れるもの	3食分	アルファ化米		□人×3（食）×3（日）=□個以上		
		レトルトご飯		□人×3（食）×3（日）=□個以上		
		乾麺・パスタ類		□人×3（食）×3（日）=□個以上		
タンパク質を摂れるもの	3食分 1食につき 1個程度	レトルト食品		□人×3（食）×3（日）=□個以上		
		缶詰		□人×3（食）×3（日）=□個以上		
		加熱せずに食べられる加工食品		□人×3（食）×3（日）=□個以上		
栄養を補助するもの	それぞれの人に合わせた必要量	バランス栄養食		□人×3（食）×3（日）=□個以上		
		サプリメント		□人×3（食）×3（日）=□個以上		
		ジュース類		□人×3（食）×3（日）=□個以上		

ローリングストック法

Rolling stock

備える

非常時の備えとして、
食品や水などを備蓄しておく。

食べる

備蓄した食品を定期的に消費する。賞味期限が短いものから食べるのがおすすめ。

補充する

食べた分の食品を買い足して補充する。
このサイクルを続けることで、すべての食材が入れ替わり、常に一定量の食品を備蓄しておける。

1週間で想定すると	1～2日目	3～7日目
	冷蔵庫・冷凍庫の食材を活用	ローリングストック法で備蓄した非常食を活用

日常生活との一体化がコツ

保存食を備蓄しておくことも、もちろん大切なことだが、日常の中に食料備蓄を取り込むという考え方もある。普段から少し多めに食材、加工品を買っておき、使ったら使った分だけ新しく買い足していくことで、常に一定量の食料を家に備蓄しておく方法をローリングストック法と言う。ローリングストックのポイントは、日常生活で消費しながら備蓄することだ。食料等を一定量に保ちながら、消費と購入を繰り返すことで、備蓄品の鮮度を保ち、いざという時にも日常生活に近い食生活を送ることができる。ローリングストックには2つのポイントがある。まずは、古いものから使うことだ。備蓄する食料が古くなってしまわないよう、消費の際には、必ず一番古いものから使うようにしよう。新しいものを右側に配置し、左側の古いものから使っていく、というようにそれぞれ合った備蓄方法で上手に循環させることが大切だ。

次に、使った分は必ず補充することだ。ローリングストックでは、備蓄品としてストックしているものはいつ食べても構わない。ただし、消費した量を必ず買い足すようにしよう。ちょっと補充を怠ったタイミングで災害が来る可能性もある。消費した分の補充は必ず直後に行おう。

SURVIVAL COLUMN TECHNIQUE

寒さ＝ギフトと捉え、人間本能を活性化しよう！

今回は、ネイティブ・アメリカンの教えを交え、私の人生を変えたと言っても過言ではない、寒さなど全ての「不快」が好きになるかもしれない発想転換法をご紹介します。

STEP 1 〉〉〉寒くても良いんです。

まずはこんな風に考えましょう。「寒くても良いんです。」我々現代人は、とにかく仕事をして、常に何かを生産しなければならない、成し遂げなくてはならないという、大変な境遇に身を置いています。だからその活動を妨げるような、寒さ、雨、闇などの要素は全てネガティブなものとして捉えがちです。野遊びをする時くらい、その「寒くてはだめ」という理屈を考えなおしてみましょう。

STEP 2 〉〉〉「不快」が気持ち良い！

「寒くても良い」と考える…、急には難しいかもしれません。そこで、ネイティブ・アメリカンの教え、自然の知恵を借りましょう。現代生活では、邪魔者になりがちな「寒さ」。でも「寒さ」が我々に伝える、根本的で本能的なメッセージは、決して邪魔者にはなりません。本来「寒さ」は、我々を本能的に活き活きとさせてくれるものなのです。さて、それはなぜでしょう？野生動物は、お腹がいっぱいの時は「狩」をしません。種類によりますが、満腹になると、なるべく体力を消耗しないよう動かなくなる動物が多いです。快適なので、仕事をする、動く必要がないのです。そして不思議なことに、満腹状態の時は、空腹時と比べて五感も鈍くなります。ところがお腹が空き始めると、次の「狩」に向けて、身体、心、魂が、ハンターモードに変化します。満腹時とは逆に、今度は全ての感覚が敏感になります。これは減量を体験したアスリートも同様で、空腹が次の「狩」への原動力となるのです。空腹というある種の「不快」が、「生きる」というエンジンや感性を活性化させ血がたぎるのです。満腹時とはまた一味違った「生きている」「生きる」という感覚が強烈になり、しかも五感を豊かにしてくれるのが「不快」なのです。

STEP 3 〉〉〉ネイティブ・アメリカンの教え「不快＝ギフト」

寒さという「不快」も、野生動物の空腹と同じです。そして、ネイティブ・アメリカンの教えでは、「不快」ではなく「ギフト」と呼ばれます。寒さを、「生きる」活動の原動力にするDNAみたいなものが、きっと我々には備わってるのだと思います。エアコンが効いた「快適な空間」も気持ちいいです。でも、「寒い！」という信号が、「何とかしよう！工夫しなきゃ！『暖』を得よう！生きなきゃ！」という本能エンジンを呼びさますポジティブなもので、それによって熱い血潮が流れ出し、活き活きとしてくるのだ！と感じてみるのも、物凄く気持ちいいものです。寒さはもちろん感じる。むしろきめ細かく感じる。だけどそれを、不快で、手の施しようのないものとして終わらせるか、熱い、本能が活性化する素晴らしいギフトとして捉えるかは、全て我々の「Choice - 選択」という教えです。

出典：カシオ計算機　WILD MIND GO! GO!「ネイティヴアメリカンに学ぶ！『寒さが好きになる発想転換法』」
https://gogo.wildmind.jp/feed/howto/150

Chapter 2

命をつなぐテクニック

SURVIVAL TECHNIQUE

021

想定されるシチュエーション

遭難

サバイバルを終わらせるシグナリング（聴覚編）

Audio Signals

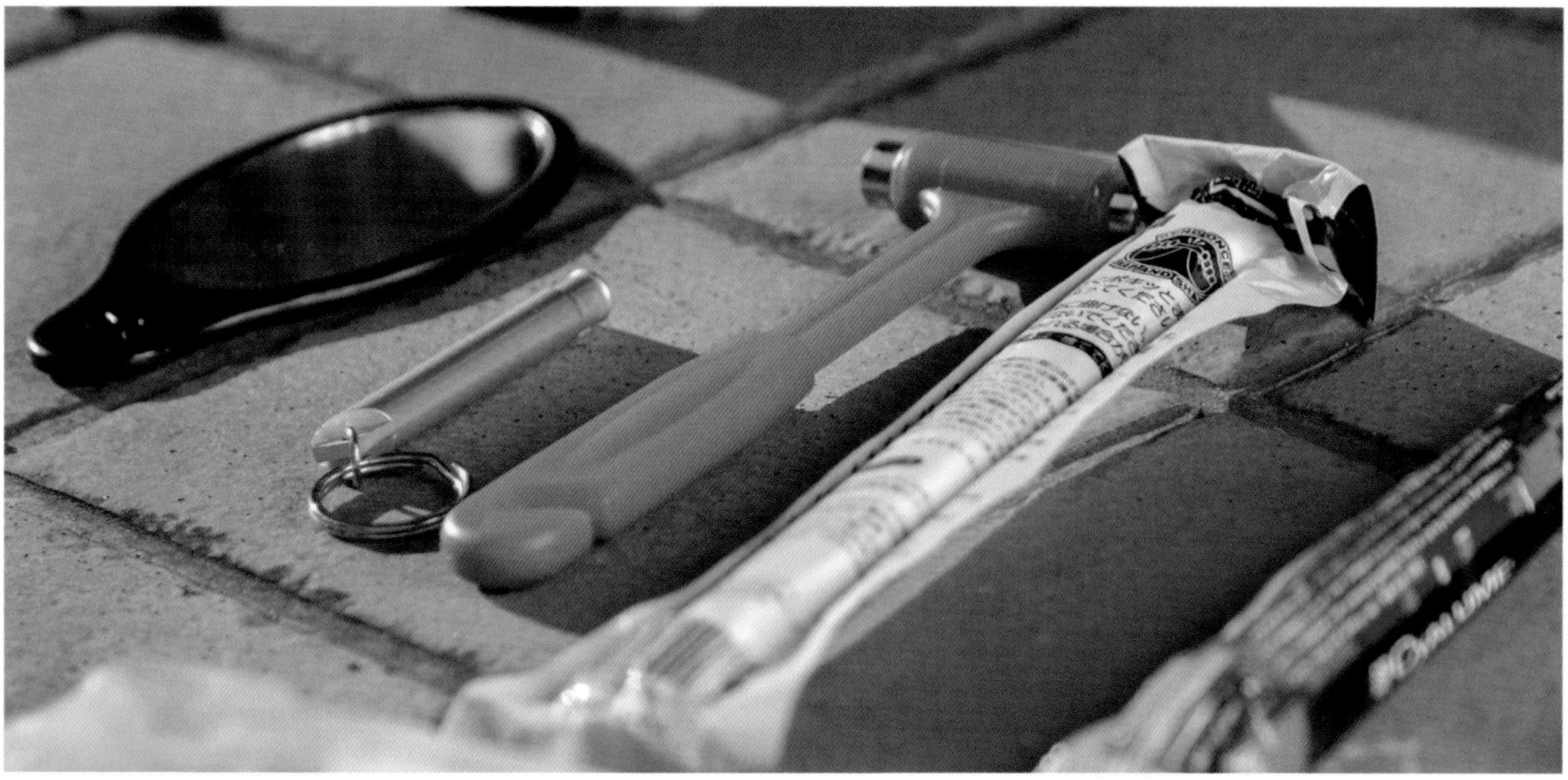

聴覚シグナリング

シグナリングとは、遭難した人間が他人に自分の存在や位置を知らせることだ。ここまで「命の五要素」に基づいて命を繋ぐために必要なものを列挙してきたが、備蓄や持ち出し袋にはこの五要素とは別に、シグナリングの道具を入れておこう。有効なシグナリングの道具があれば、救助者にいち早く発見され、サバイバルな状況から抜け出せる可能性が高まるからだ。**実際、必死で救助側に合図を送りながらも、発見されずに命を落とした人はものすごくたくさんいると言われている。**救助されずに命を落とした人は、「○月×日、東の方向にヘリコプターが来たが発見してもらえず」という内容のメモを、恨みを込めて残す事が多いという。自分の命がかかった状況で、自分からは見えたヘリがこちらを見つけなかったという状況で生まれるであろう憎しみの念や、落胆の気持ちは、相当強いものであるに違いない。そんな思いをしないためにも、シグナリンググッズはぜひ入れておこう。

ホイッスルなどの聴覚に訴えるシグナリングは、救助側と自分の間に遮蔽物などがあり、オープンになっていない場合でも、音が届きさえすれば、救助側がその合図を認識できる。また、相手がこちらを見ていなくても、音により「気づかせる」事もできるかもしれない。ただし、多くの場合、詳細な自分の位置を知らせるにはある程度の時間がかかる。

なくしたスマートフォンを他人に鳴らしてもらっても、見つけるまでには少し時間がかかるのもその例だ。

PATTERN

A

ホイッスル

スポーツでは中に玉の入ったタイプが伝統的に使われるが、シグナリング用としてはあまり良くないと言われる。特に中の玉がコルクだと、濡れた時に音が鳴りにくくなる。シグナリング専用のホイッスルは多くの種類が発売されており、中にはバックパックのストラップに埋め込まれているものもある。

PATTERN

B

ハンマーと鍋

100円ショップでも売られている車外脱出用の小さなハンマーが入れてあるのだが、これが実に凄い音を出してくれる。実際に実験してみると、金属のハンマーなどで、やはり金属の「何か」を叩くとホイッスルよりも大きく目立つ音が出る印象だ。特に対象物の金属の部分が大きければ大きいほど共鳴率が高くなり、締め切った家の外まで音が響く場合もある。

PATTERN

C

ラジオ

専用のツールではないが、ラジオも違った性質を持っているので便利だ。音の大きさはホイッスルに及ばないが、スイッチを入れておくだけで勝手にシグナルを送り続けてくれるので、たとえば気を失ってしまったとしても見つけてもらえるかもしれないし、人は人声（じんせい）に敏感なので効果も大きい。そして、情報収集の手段として役立つことは言うまでもない。

SURVIVAL TECHNIQUE

022

想定されるシチュエーション

遭難

サバイバルを終わらせるシグナリング（視覚編）

Visual Signals

ライトやミラーによる視覚シグナリングは、条件が整えば、瞬時に自分の位置をピンポイントで知らせることが可能だ。できればシグナリングミラーを準備してほしい。太陽光を救助者やヘリコプターに向けて反射し、自分の位置を知らせるものだ。太陽光の明るさに勝るものはなく、とにかく晴れていれば、もっとも強烈なシグナルを送る事ができる。手鏡などでも代用できるのだが、救助者にピンポイントで光を当てるのはかなり難しいため指を使って狙いを定める方法を次に紹介しておく。一見すると簡単に感じられるが、実際は難しい。また照準がしっかり合っていたとしても、効き目の位置と鏡が離れていたら意味がない（ミラーを上下左右に動かすのは、そのズレをカバーするためだ）。とにかく練習をして、命中率を高める必要がある。だが万が一練習できずに「本番」が来てしまったとしても、やみくもに反射光を当てようとするよりは、はるかに相手に伝わる可能性は高くなるはずだ。重要なのは、Aという方法が機能しなかった時の、方法B、Cというバックアップを用意することだ。手書きのメッセージを残せる道具も一つ入れておこう。たとえば布製のガムテープと油性マジックだ。その場を移動しなければいけなくなったときにテープに「〇月×日、△へ向かう」などと書き、目立つ場所に貼っておくと救助側の手がかりとなり、はぐれてしまった家族との連絡手段としても役立つだろう。

PATTERN

A

ミラーを使用したシグナリング

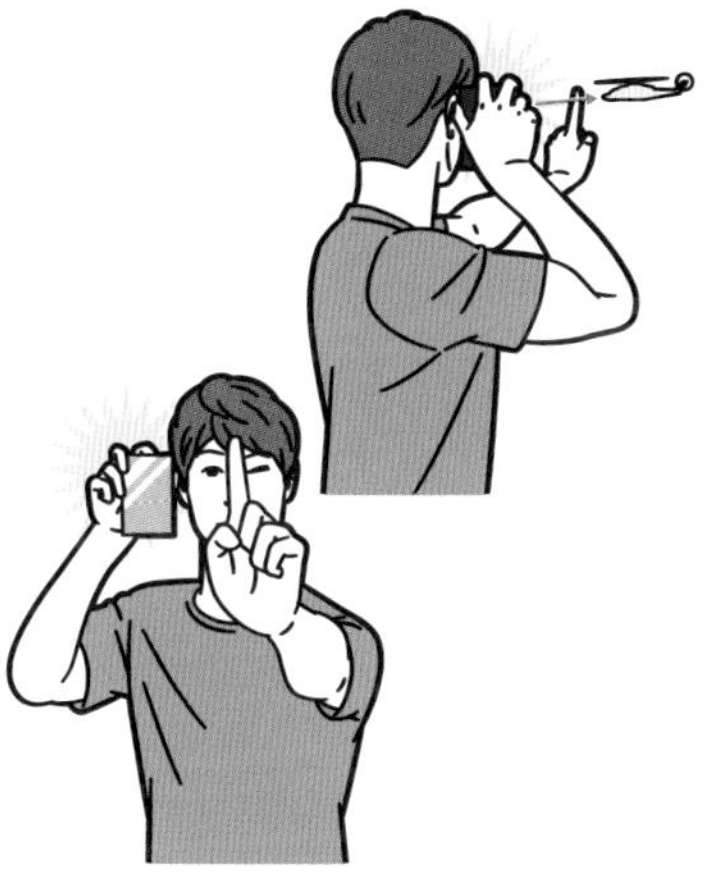

シグナルを送る相手を、たとえばヘリコプターとしてみよう。
①利き手ではない方の腕を伸ばし、ヘリコプターに立てた人差し指を合わせる。気をつけなければならないのは、ほとんどの方が利き目で合わせているということだ。片方ずつ目を瞑ってみて、開けた時に指がずれてしまう方の目は、瞑ったままが良いかもしれない。
②手鏡を利き目のすぐそばに置き、人差し指を立てた手の甲に反射光がしっかり当たるようにする。しっかりとその状態を確保できたら、そこを中心に小刻みに、上下左右に光を動かそう。

PATTERN

B

ライトを使用したシグナリング

シグナリング用としてはＬＥＤフラッシュライトを使うのものが良い。消防、警察、警備関係者などの間で使用されているSure Fireなどのフラッシュライトは、非常に明るく効果的だが高価だ。ホームセンターなどで売っているＬＥＤフラッシュライトも、実験したところ、昼間でも数百メートル離れた所へ光が充分届いた。フラッシュライトが活躍するのは、日光の使えない曇りや雨の日、それから夜だ。また、雨天でも使用可能な防滴ライトを選ぼう）こちらも動かしたり、点滅させたりして、相手の注意を誘うように使おう。

PATTERN

C

サイリウムを使用したシグナリング

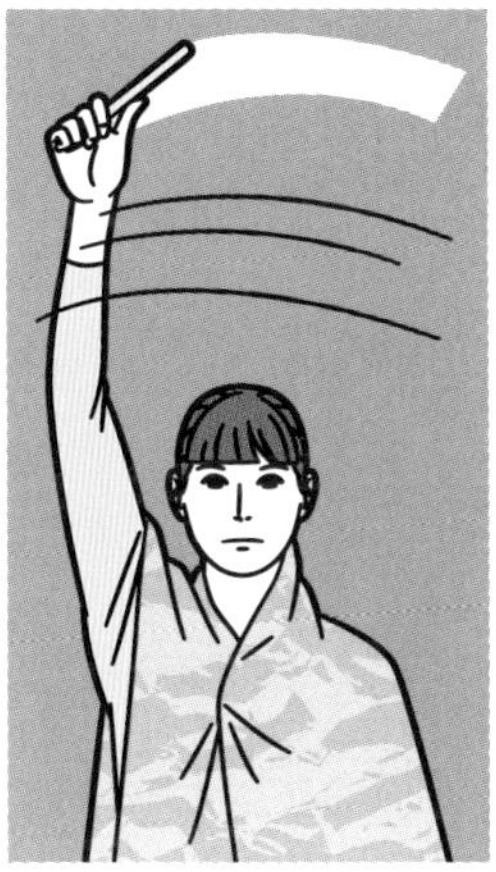

意外と効果的なのはサイリウムだ。アイドルのコンサート会場などで使われる、あのサイリウムである。実は、サイリウムはシグナリングツールとして極めて有効なのだ。電池が要らないし、光が全方向に散るのでどこからでも発見しやすい。また、タイプによっては長時間光り続けるため、失神してしまってもシグナルを送り続けてくれる。もちろんプロたちもサイリウムの優秀さは知っており、自衛隊では「ケミカル」という名で呼ばれているようで、世界各国の軍隊でも利用されている。

SURVIVAL TECHNIQUE

023

想定されるシチュエーション

遭難生活

「今、家にあるもの」を備蓄しよう

What to Stockpile at Home

備蓄に関して大切なのは、難しく考えすぎないことだ。サバイバルの成功は日常生活を継続すること、という法則を思い出そう。すると、**今、家にあるものこそが備蓄だということに気づくだろう。あとはバックアップを用意すること。それから、一つのものが、なるべくたくさんの用途に使えるものを選ぶことだ。**鍋を叩くと音のシグナルを送れるように、本来の道具の用途に囚われることなく、柔軟に考える癖をつけよう。鍋の蓋が光り輝いているのであれば、それで太陽を反射させる事が出来るかもしれないし、エマージェンシーシートも光を反射させる。反射面が大きいので、手鏡より有効なシグナルを送れる可能性がある。そのシートの大きさは雨水をためるのに一役かってくれるかもしれない。「鍋」という考え方に捉われる事なく、鍋＝丸い、光っている、硬い、水がたまる、など、**抽象度を上げて物事を見るようにすれば、思い掛けない使い方が出来るかもしれないし、**周りの環境にある思い掛けないものが命を救ってくれるかもしれない。そういった意味でも、すでに自宅にあるものを整理すれば、必要な備蓄や持ち出し袋の中身が意外に揃ってしまうかもしれない。さて、命を繋ぐのに必須なものを最優先で揃えたら、「これがあると安心できる、快適に過ごせる」ものを加える。常備薬や洗面道具、トイレ関係のものもあっていい。ケガに備えたファーストエイドキットが挙げられていないぞ、と思った方もいるかもしれない。もちろん入れておくべきだが、同時にサバイバルでのケガは致命的なので、そもそも「絶対にケガをしない」くらいの気持ちで行動したい。自分の動きをよく観察し、今に集中し、今の行動がどんな結果を生むかを常にイメージする事が、もっとも原始的で有効な予防方法なのである。**サバイバル状況下では手に入れることよりも、守ることを優先する**という法則を思い出してほしい。ケガをするようなリスクは極力避けるべきである。サバイバルは非日常的な環境で日常に近づくことであり、冒険ではない。

備蓄、非常用持ち出し袋に入れるべきもの一例

シグナリング

- □ 聴覚シグナリンググッズ（ホイッスル、小さなハンマーなど）
- □ 視覚シグナリンググッズ（ミラー、サイリウムなど）
- □ ライト（散光タイプと光が集中するもの２種類）
- □ 布ガムテープまたはダクトテープと油性ペン

体温保持

- □ 暖かい肌着・下着・レインコート
- □ 新聞紙
- □ シート
- □ ロープ
- □ エマージェンシーシート

水

- □ 飲料水（１人あたり１日２ℓ）
- □ 携帯浄水器
- □ 折りたたみ貯水タンク
- □ 煮沸用鍋

火

- □ アウトドア用携帯コンロ
- □ マッチやライター
- □ メタルマッチ

食

- □ 非常食（賞味期限が長い、自分の好きな食べ物）

その他

- □ 防煙フード

SURVIVAL
TECHNIQUE
024

想定される
シチュエーション

避難生活

通勤バッグに収まる「常用持ち出し袋」

Making E.D.C. - Every Day Carry

通勤バッグに入れられる「常用持ち出し袋サンプル」

①シェルター（体温保持）	□超軽量タープ＆ロープ
	□寝袋状のエマージェンシーシート
②水	□浄水器（普段の生活で常用できる）
③火（光と熱）	□マッチ、ライター
	□小型固形燃料式ストーブ
	□充電式災害用ライト（スマートフォンの予備バッテリーとしても機能）
④シグナリング	□シグナリングミラー
	□ホイッスル
	□ライト（上記「火」と併用）

非常用の持ち出し袋について講習をすると、必ずと言っていいほど出る質問がある。「通勤中などに災害にあった際に最低限持っておくべきものは何か」というものだ。この場合、命の五要素に基づいて、通勤バッグに普段から収納しておけるものをコーディネートすればよいのだ。一要素につき一種類の道具を入れておけば、非常用持ち出し袋ほど頼りにならなくても、命を救ってくれる「常用持ち出し袋」を作れるだろう。参考までに私の常用持ち出し袋を紹介しよう。(表参照)

このすべてを通勤バッグに入れられる15センチ×20センチ×5センチほどの小型バッグに収めている。浄水器は普段から水筒がわりに使っているのでこの小型バッグには入れていない。また、ナッツなどの長持ちする非常食も常に持っておきたい。ハンカチも大判のものにすると、包帯代わりになったり、座る場所に敷いたりすることが可能だ。常用持ち出し袋は、普段のライフスタイルに合わせてボリュームを調整するとよいだろう。

常に持ち歩く「常用持ち出し袋」はいわば、急な雨に備えた〝折りたたみ傘〟のようなものかもしれない。雨天を心待ちにする人が少ないように、災害への備えを嬉々と行う人は稀だ。中には、過去の被災がフラッシュバックする人もいるはず。災害を想起しての事前行動は決して楽しくない。だからこそ、常に「日常化」することが重要なのだ。

水を節約した歯みがきの方法

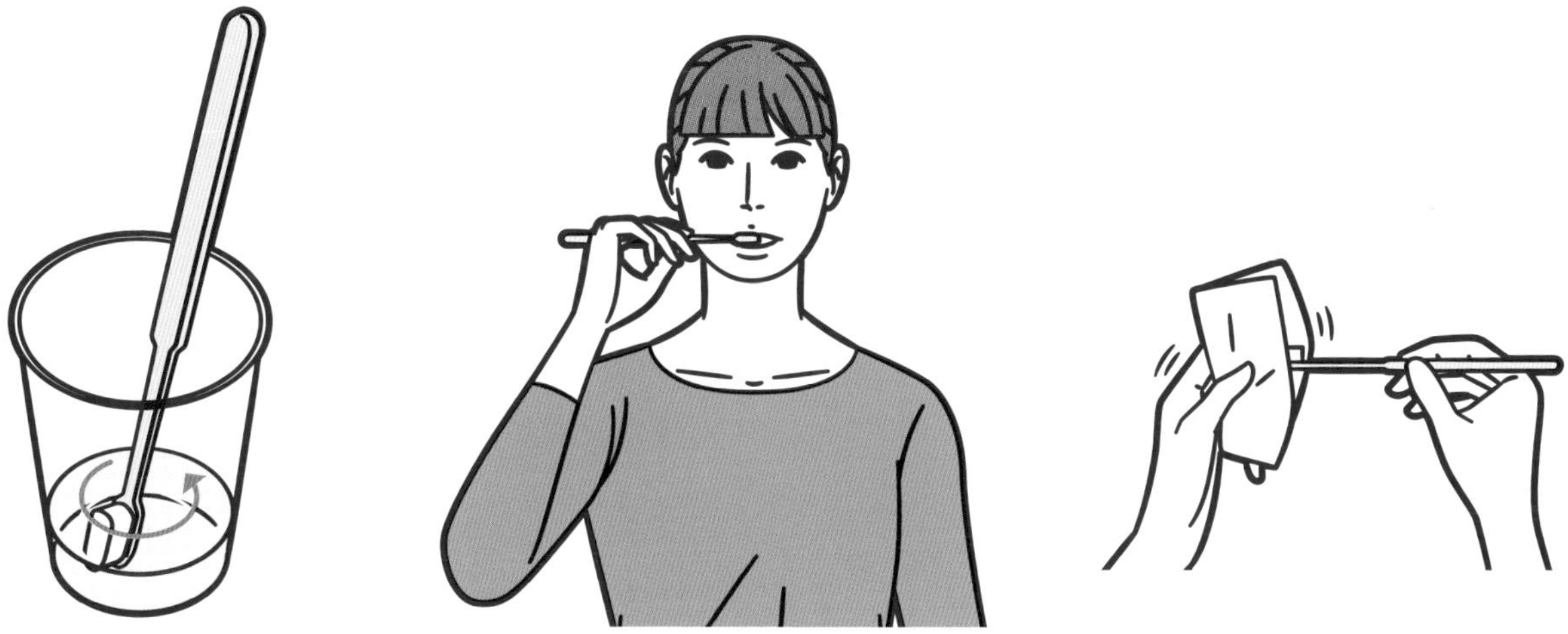

1. 水・約30mLをコップに準備する。
2. その水でハブラシを濡らしてから口の中へ入れ、歯みがきを開始する。
3. ハブラシが徐々に汚れてくるので、ウエットティッシュでハブラシの汚れをできるだけ拭き取り、また歯みがき、これを小まめに繰り返す。
4. 最後にコップの水で2~3回すすぐ。一気に含むのではなく、2~3回に分ける方がきれいになる。

衛生用品としてウェットティッシュは欠かせない

「ウェットティッシュ」は、災害時に非常に重宝するアイテムだ。手洗いや食器洗いの水の代用品として使用できる。ここで、水が少ないときの歯みがきについても伝えておこう。

口は肺への入り口だ。避難所生活や水不足で口の中を清潔に保つことができないと、高齢の方では誤嚥性（ごえんせい）肺炎がおこりやすくなるので注意が必要である。

ラジオは災害時の重要な情報ツールだ

また、かさばらずに入れておきたいものとしては、「カード型ラジオ」というものもある。「ラジオはスマートフォンでも聞ける」と思われがちかもしれないが、過去の被災地では、電波もつながりにくくなった。また、連絡手段として貴重なバッテリー消費も避けたいところだ。さまざまなメディアがある中で、災害時にラジオが選ばれる理由は、繋がりやすさがあるからだ。ラジオは、停電で電源がつかずテレビが見られない場合や、回線がパンクしてスマートフォンなどの携帯機器が繋がらないときでも受信でき、正確な情報を伝えてくれる。

サイレンやライトが一体化した防災ラジオもある

SURVIVAL TECHNIQUE

025～034

被災時だけでなく 日常にも役立つロープワーク

ロープワークはアウトドアでは欠かすことのできない技術である。**ロープをうまく使いこなすことで、災害時の救出・救助アイテムとしても利用することができる。**世の中にはロープや紐の結び方は何百通りもあるのだが、都市災害の現場で必要な結びはそれほど多くない。本著では実際に役立つであろう最小限の結びを紹介することにしよう。一見難しそうな結びもあるかもしれないが、実際にロープを手にしてやってみれば、きっとできるはずだ。ここでは、結びの種類を目的別に3つに分けている結び方を一つでも覚えておけば、きっと違う結びも知りたくなる。こうしたテクニックは災害時だけではなく日常生活においても何かと役に立つし、もし、あなたが災害ボランティアなどで活動する際にも誰かを助ける力になるだろう。

一つ目は**「端を留める結び」**対象物に巻き付けて固定するという、最も使用機会の多い結びと言えるだろう。張りを調整できる便利なものまであるので、是非覚えておきたい。

2つ目は**「輪を作る結び」**何かをぶら下げたり、吊って支えたりするのに便利な結び。輪を作るだけでなく、そこから多用途に展開させていくものが多い。代表的なものは「もやい結び」だが、これは誰もが聞いたことがある名前だろう。船を係留杭などにつなぐことを「舫う（もやう）」という。舫うための結び方だから「もやい結び」なのだ。素早く結ぶことができ、かつ大きな荷重がかかった後でも、ほどきやすい……そんな万能の結び方だ。そのため、もやい結びは「キング・オブ・ノット（結び）」と称されている。是非とも習得しておきたい。

3つ目は**「ロープとロープを結ぶ」**方法も覚えておこう。短いロープを繋ぎ合わせて長くしなければならない場合もあるからだ。

端を留める結び

ツーハーフ・ヒッチ

ひと結びを2回繰り返すことで、ほどけにくくした結び。

①
ロープの先端を枝に回し、下から巻きつけて輪の中に通す

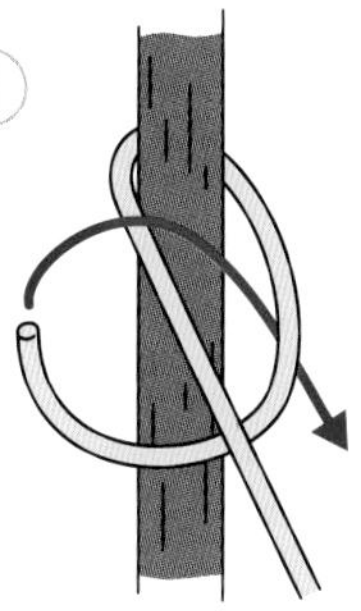

②
再度末端を元側の下から回し、輪の中に通す。

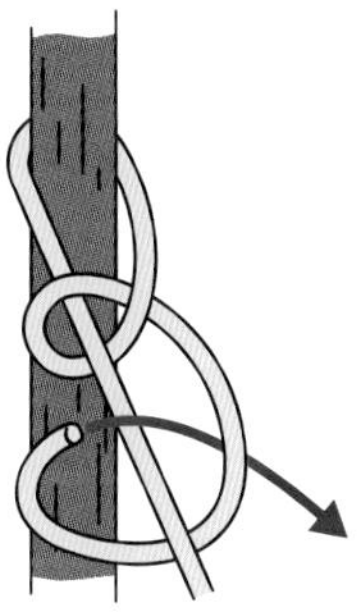

③
末端側と元側を引っ張り締め込んで完成。

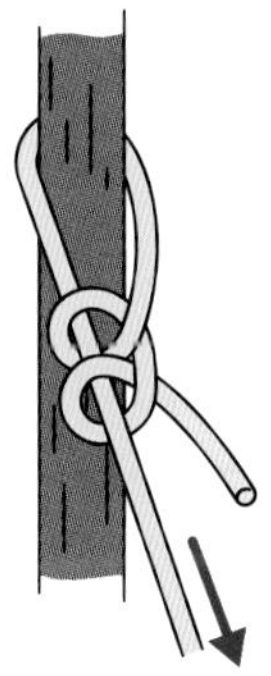

完成

スリップノット

最も簡単で覚えやすい木などにロープを結びつける結び。引っ張る力が緩むと解けてしまうので注意

①
木の後ろにロープをまわし、下から上に通して交差させる

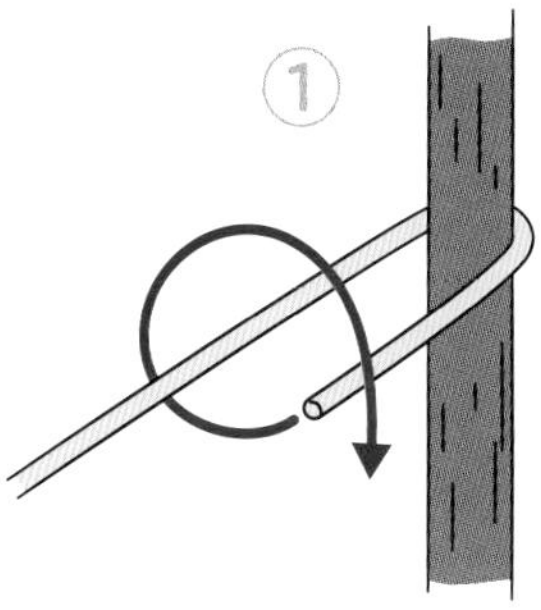

②
輪ができたら、下からロープの末端を通し、手前に引く

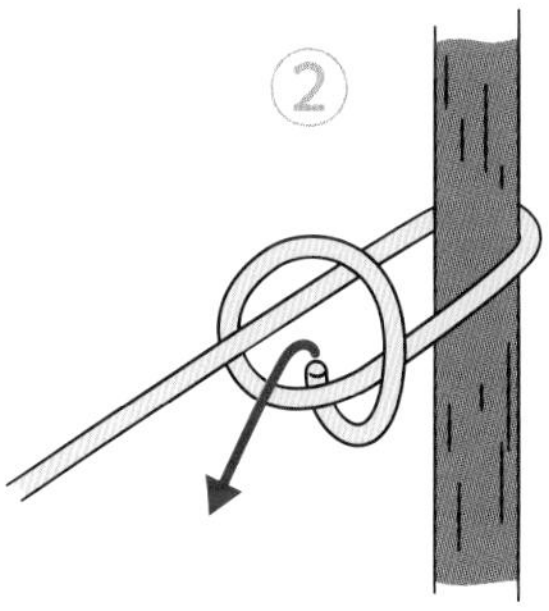

③
末端側と元側を同時に手前に引っ張り、締め付けて完成

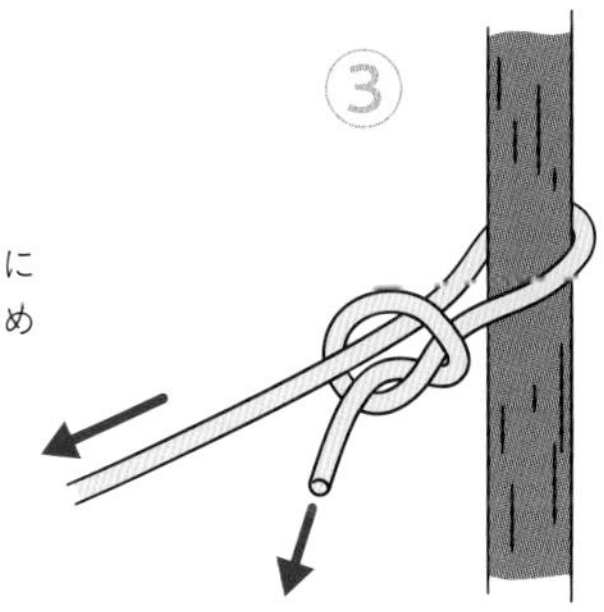

完成

端を留める結び

トートライン・ヒッチ

結び目の位置を動かすことで、ロープの長さを自在に調節できる結び。

①

固定したい木にロープを回し、末端を下から元側に交差させて輪に通す。

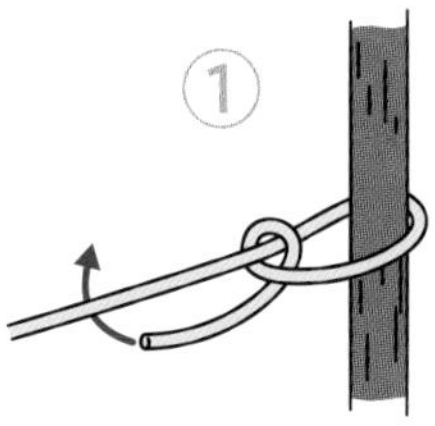

②

少し離してもう一度先端を元側の下から交差させる。

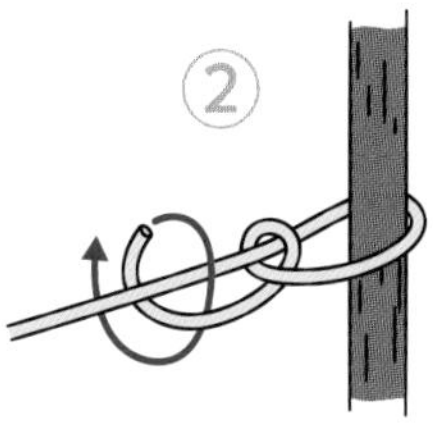

③

輪に先端側を通す。さらにもう一周させ、再度輪に先端側を通す。

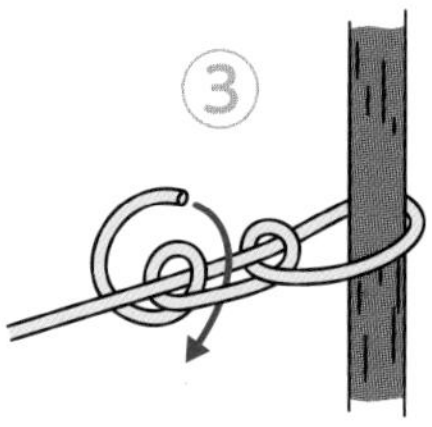

④

結び目の手元側に先端部を持ってきて、元側の下から回しひと結び。

⑤

先端側を引いて締め付け完成。

完成

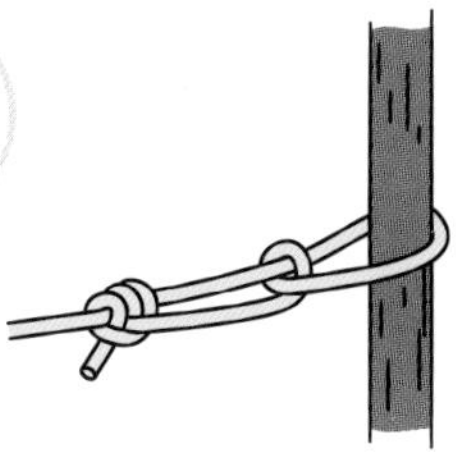

クローブ・ヒッチ（巻き結び）

縛るのもほどくのも簡単で、杭に結んだり、枝を縛ったりと出番が多い結び。

①

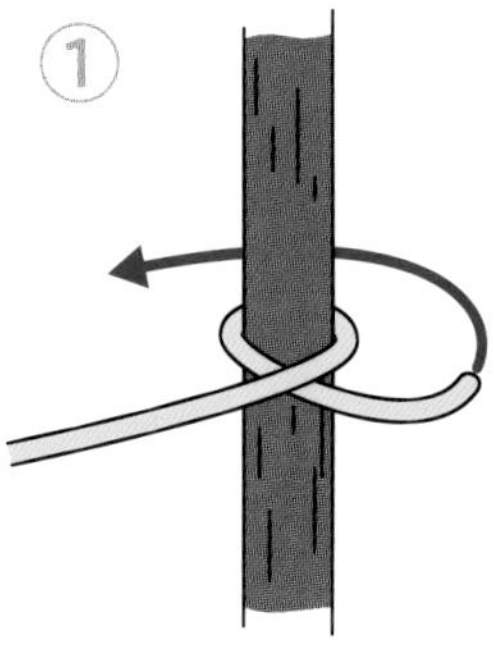

ロープを木の後ろから通してひと巻き。上側にもう一度通す。

②

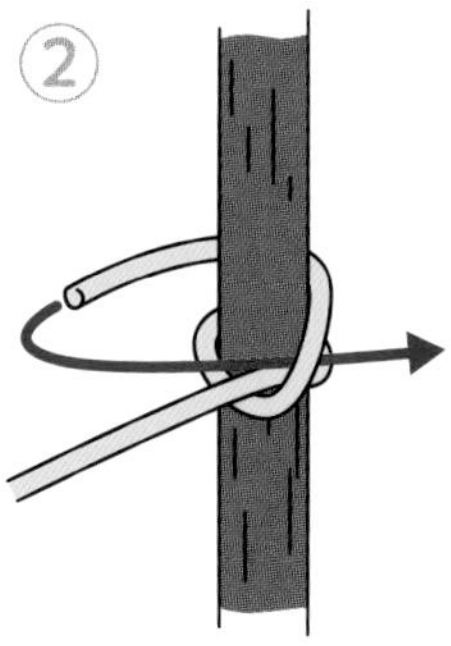

手前でロープを交差さ2周目を回し、巻き付けたロープの下を通す。

③

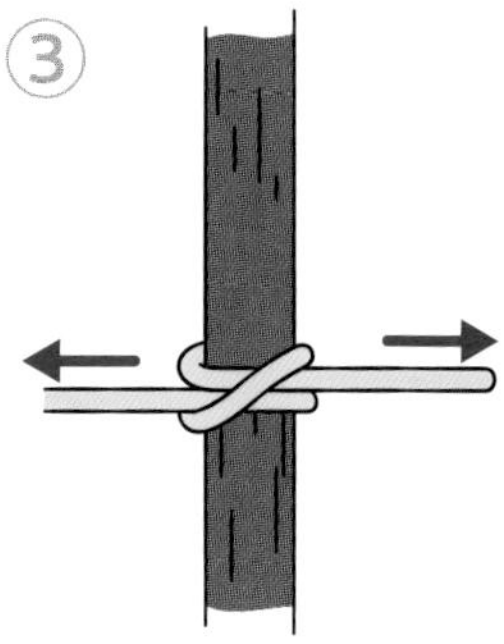

元側と末端側の両方から引っ張り締め込む。末端側には多少余裕を残しておく。

結ぶ木が低い場合

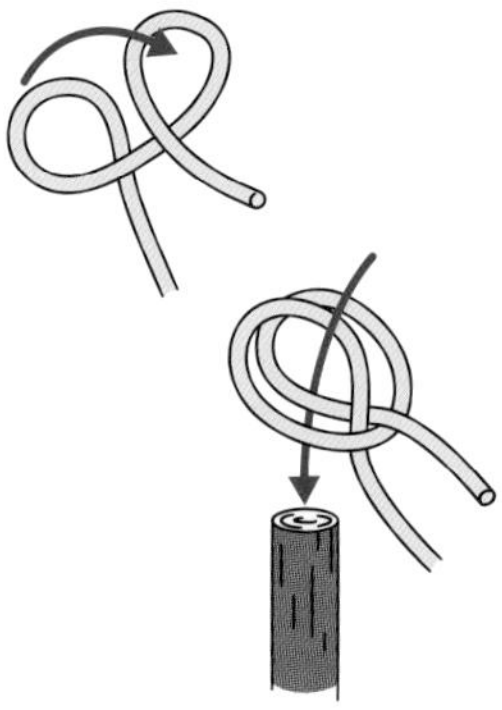

ダミー 結ぶ木が低く上からかぶせることができるようなら、こちらの結び方の方が簡単。輪をふたつ作って重ね、縛りたいものに上からかぶせて締め込む。

完成

輪を作る結び

ブルージック

輪にしたロープを巻き付けて、摩擦抵抗により固定する結び。張る力を緩めるとスライドするので、簡単に結びの位置を調整できる。

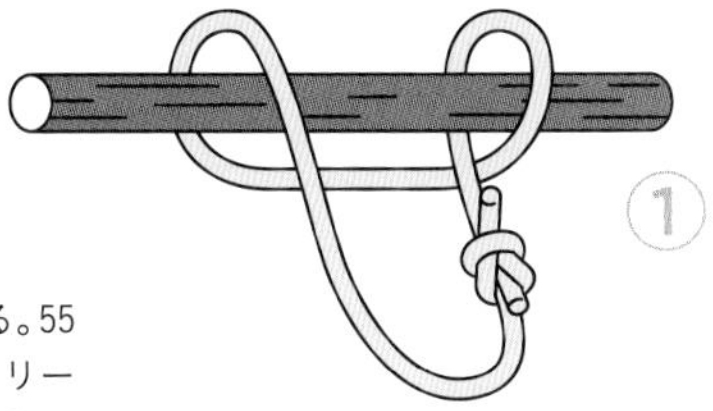

ロープで輪を作る。55ページにでてくるリーフ・ノットなどでOK

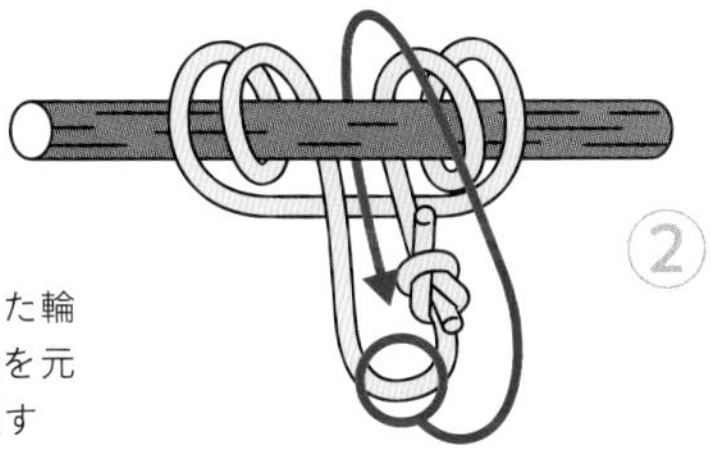

木やロープに作った輪を引っ掛け、先端を元の輪の中に数回通す

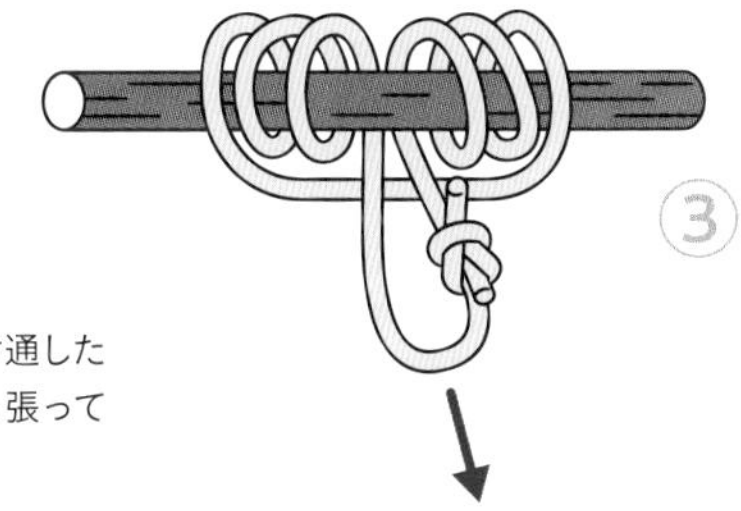

3～4回巻き付け通したら、そのまま引っ張って締めていく

ギュッと引っ張ると結び目が動かない。緩めれば簡単に結び目の位置が動く

完成

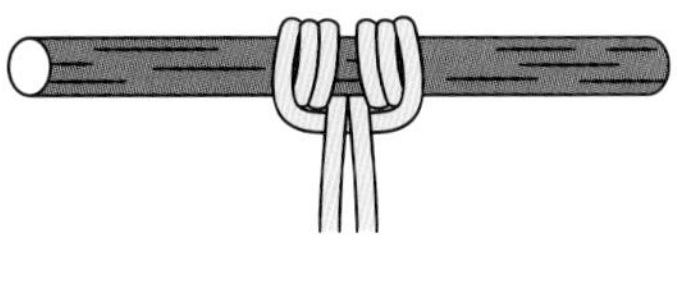

ロープ・テークル

ロープをピンと張りたいときに便利な結び。シェルターでロープを張って棟にしたいときや、ハンモックも吊るせる。

ロープをつまんで2回ひねって輪を作る。

輪より先端側にあるロープをつまんで、輪に通す。

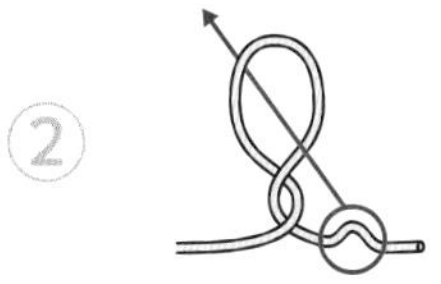

輪の中を通した部分をそのまま引っ張っていくと、輪が固定される。

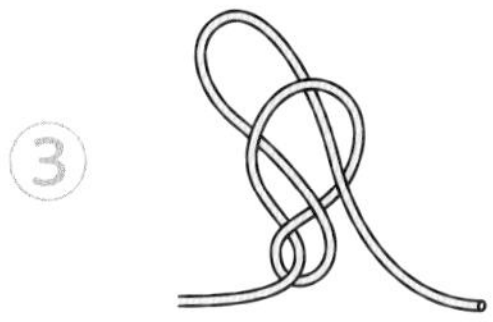

先端側を木などに回してから、先ほどの輪まで戻す。

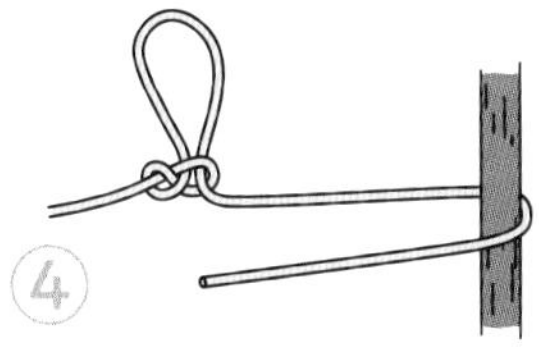

先端を輪の中に通してから強く引いて、再度固定したい木の後ろを回す。

ロープ3本をぐるぐるとまとめ、4～5回巻きつける。

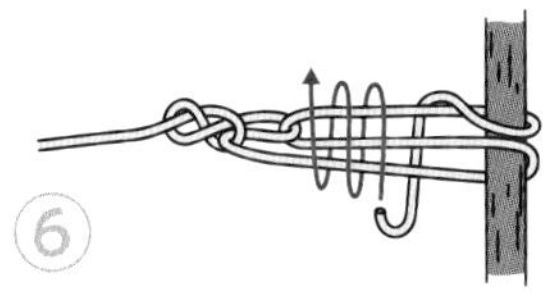

最後はクローブ・ヒッチで留める。

完成

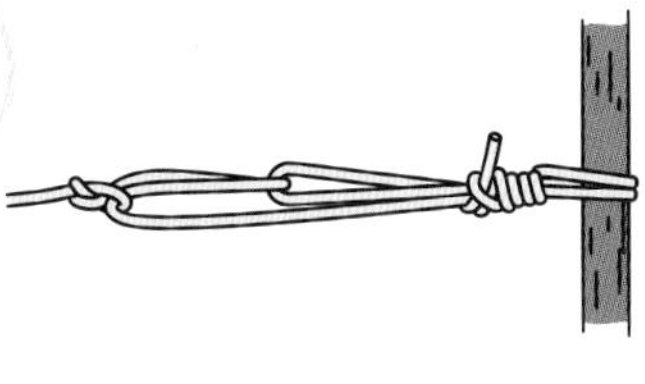

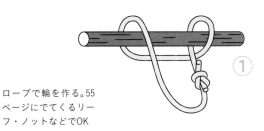

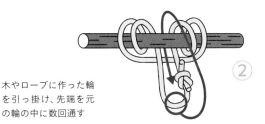

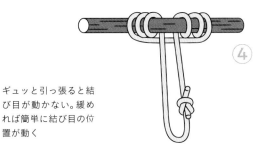

輪を作る結び

ボーライン・ノット（もやい結び）

結ぶのが簡単で、力がかかっても輪の大きさが変わらない。昔から結びの王様とされてきた基本の結びだ。張り網の固定などに使える。

①

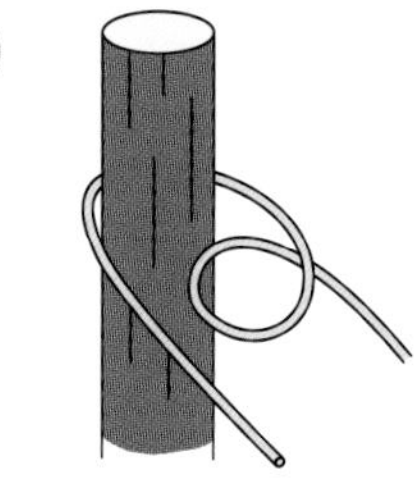

ロープの元側が下にくるように、輪を作る。先端を固定したいものに回す。

②

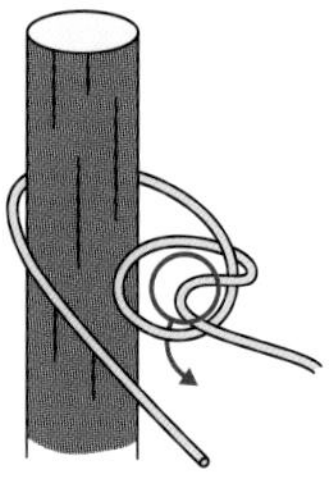

元側の一部分を、輪の中に通して引っ張りだし、再度輪を作る。

③

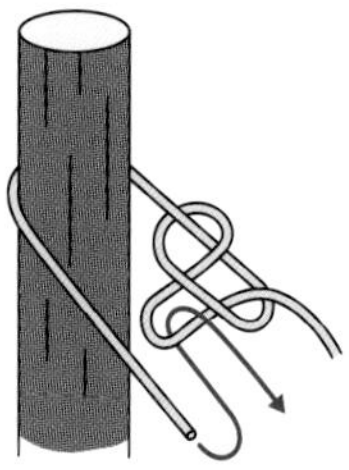

結びたい木に回しておいた先端側を、輪の中に通して引く。

④

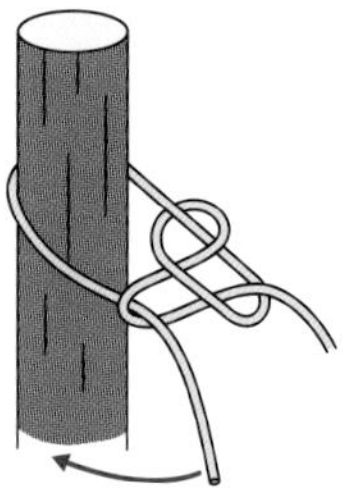

先端側を後に張り、輪にテンションがかかるようにする。

⑤

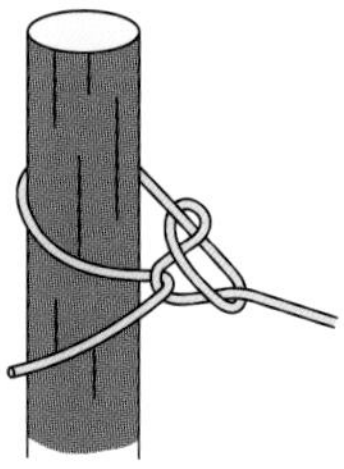

先端側をそのまま保持しながら、右手で元側を手前に引いて締め込んでいく。

⑥

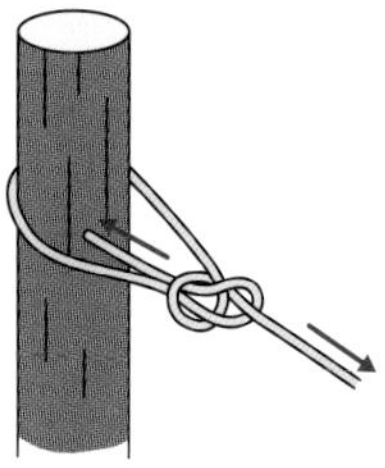

先端側と元側の両方から引っ張る。結び目が固まるまで引けば完成。

完成

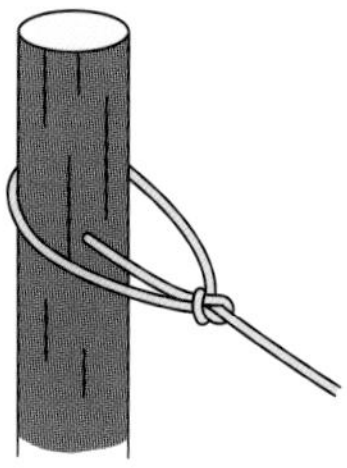

マン・ハーネス・ノット（よろい結び）

ロープの中間に、簡単に輪を作ることができる結び。ロープを張っても輪が縮まない。

①

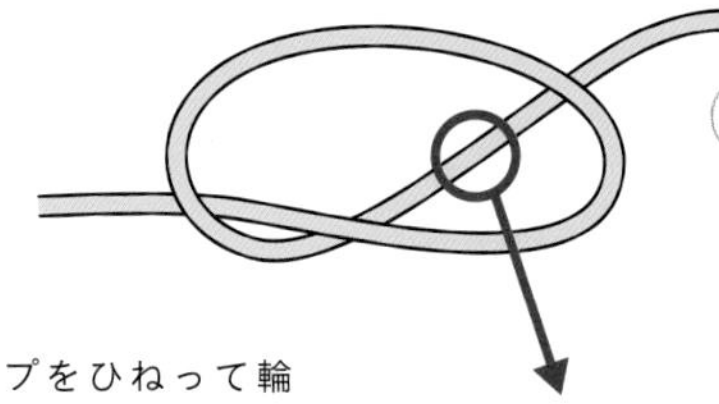

ロープをひねって輪をつくり、上側にきたロープを下にもっていきつまむ

②

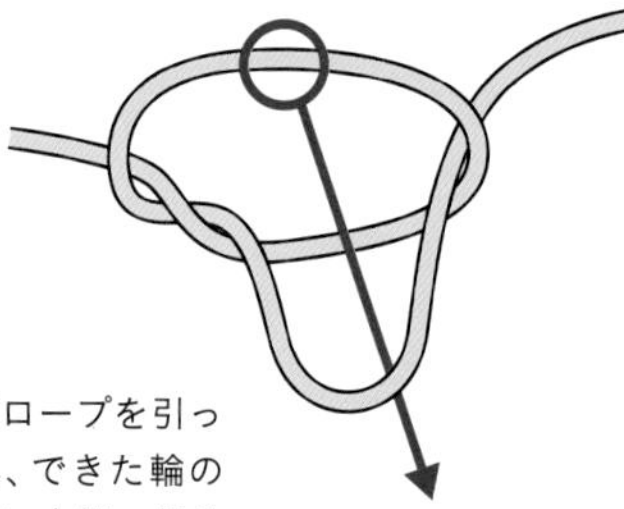

つまんだロープを引っ張り出し、できた輪の中にさらに内側の部分を通す

③

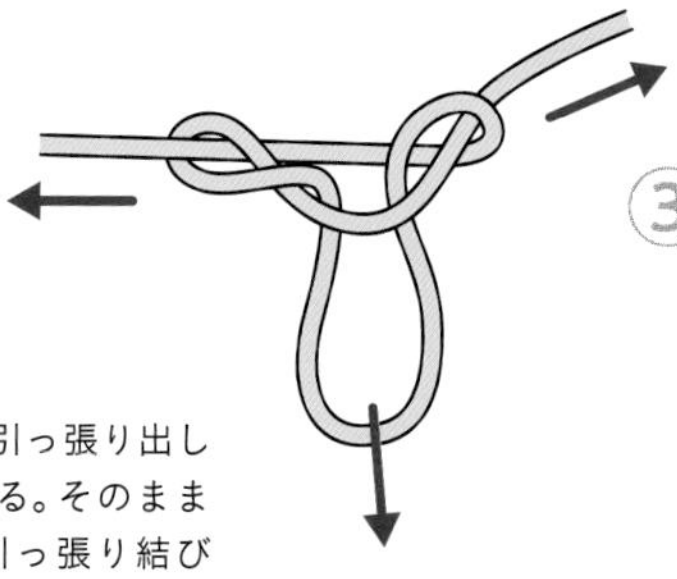

そのまま引っ張り出して輪を作る。そのまま3方向に引っ張り結び目を締める

完成

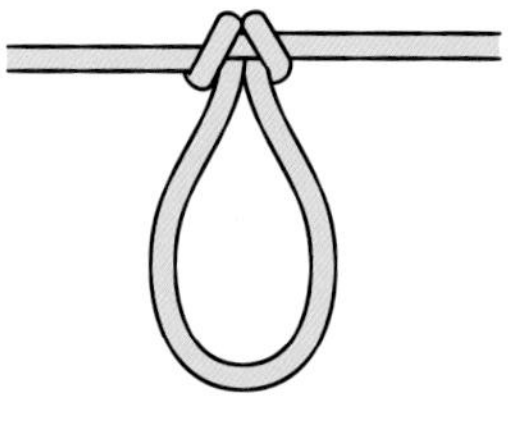

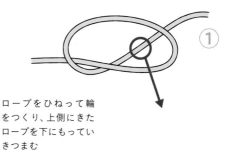

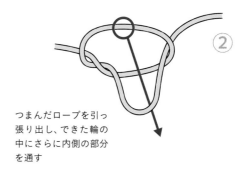

ロープとロープを結ぶ

ダブル・フィッシャーマンズ・ノット

太さの違うロープ同士を繋げるのにも使える強固な結び。解けにくいので、すぐに解く必要がないときに使いたい。

① 両端を平行に向かい合わせたら、一方をもう片方に巻きつける。

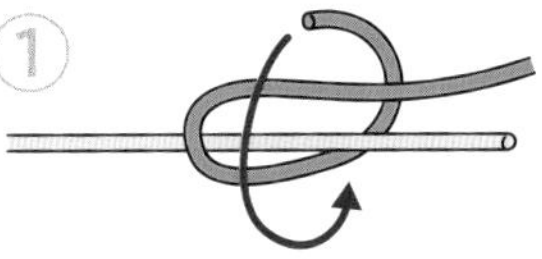

② 2本をまとめるようにして、外側から内側に向かって2周回す。

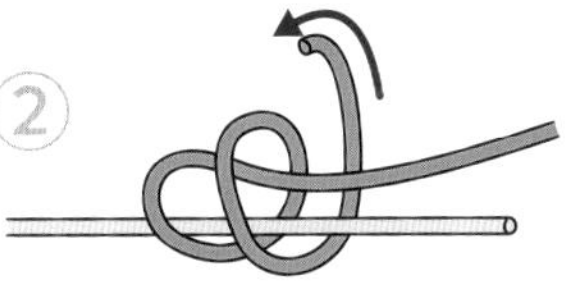

③ できたふたつの輪の中を、内側から外側に向かって先端側を通す。

④ 巻き付けた方のロープの元側と先端側を引っ張り、締め込む。

⑤ 反対側のロープも同じように巻く。2周巻いてできた輪に、先端側を通す。

⑥ 両側から引っ張って締め込むと、結び目が近づいてひとつになる。

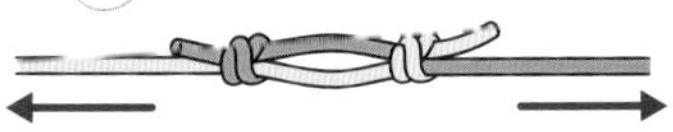

完成

リーフ・ノット
（本結び）

同じ太さ、材質の2本のロープを1本につなぐのに適した結び方。一方の先端側と元側を開くように引っ張ると、素早く解ける。

① 繋ぎあわせたいロープの末端同士を交差させて、互いにひと巻きさせる

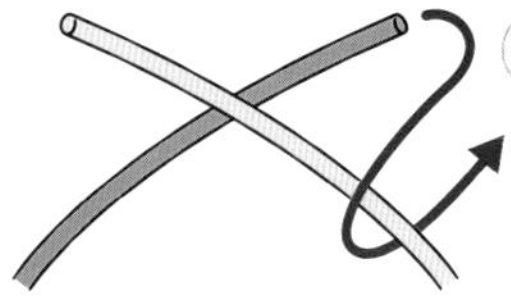

② もう一度末端同士を交差させる。後ろになっている方をそのまま後ろへ

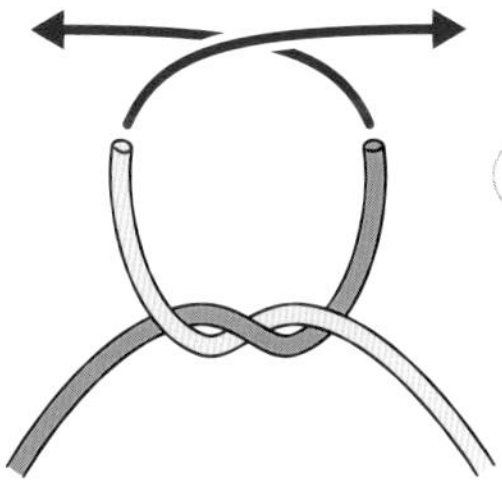

③ 奥側にしたロープをもう一方のロープに巻き付けて一回転させる

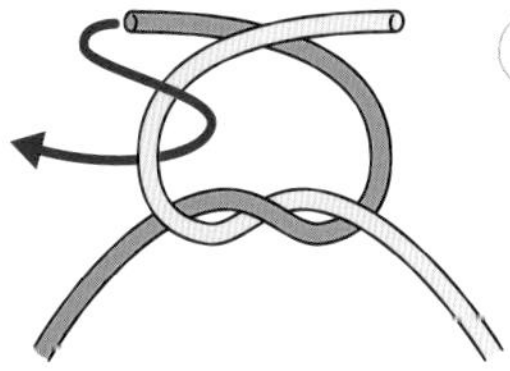

④ 両方のロープの先端を引き出して引っ張る。元側も強く引いて締める

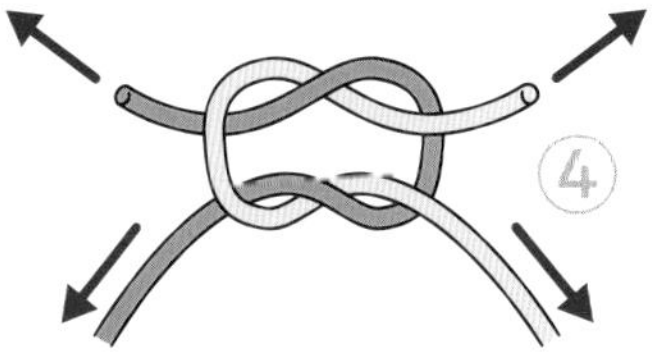

完成

SURVIVAL TECHNIQUE

035〜044

野草はサバイバル食の王様だ

「防災植物」という言葉はあまり耳にしない言葉ではないだろうか。しかし、「防災植物」を知ることは、災害の時に身を守ることにもつながる。貧しくて野草を食べてしのいだなんていう話があるせいか、野草というと粗食というか貧相なイメージが浮かぶかもしれない。だが、事実は全く逆であり、野草のなかには現代食では考えられないような栄養価が詰まっている。現代人は、食べ過ぎの栄養不足で、それが多くの病気の原因ともいわれている。ならば、**ビタミンやミネラルの宝庫である野草は、アウトドアでなく、むしろ日常の食生活にこそ必要なも**のなのかもしれないとも私は思っている。一般に山菜と呼ばれているもの以外にも、食べられる野草はたくさんある。個人的には、野草図鑑などを見て食用となっていなくても、極端な話、次の三つの条件を満たしていれば、それは食べられる野草なのではないかと思う。その三つとは、①毒草でないこと ②消化可能であること ③不味すぎないことである。体にどれだけ影響をおよぼすかは、食べる量によっても変わってくるし、かなり大雑把なものではあるのだが、これが私の食べられる野草の条件だ。また、野草はサバイバル食の王様でもある。サバイバル状態での食というと、動物を狩って解体したり、魚を釣ってさばいたりするのが王道と思うかもしれないが、危機的な状況において大切なのは、いかに自分のエネルギーを保持できるか、つまり、どれだけ効率よく食料を得られるかである。肉でも魚でも、その食材を獲るのに使った体力に見合うか、それ以上の栄養が得られないと意味がないのだ。その点、野草はさほどエネルギーを費やさずに多くの栄養を得ることができる。それゆえ、サバイバル食の王様なのだ。

収穫は「使用する分のみ」。多く採り過ぎて破棄することがないようにしよう。

食べられる野草10選

野草を覚えるなら、まずは毒草からだ。そして次は、どこにでも生えている身近なものを覚えていこう。野草の食べ方は、湯がいたり炒めたり、茹で汁を飲んだりすることもある。また、硬い野草はナイフで切り刻んで野草茶にもできる。野草におけるえぐみや苦味は薬効成分であることも多いが、おいしく食べるためには、そうした処理が必要だ。また、栄養を得るだけなら、噛み砕いて消化できなさそうな繊維だけ吐き出すという方法もある。

01

セイダカアワダチソウ

時期：春〜夏

特徴：除草剤にもある程度の耐性があり、繁殖力があまりにも旺盛なため、路傍や空き地、河川敷、土手などに群生している。新芽はお茶に。葉は香りが強いので1時間くらい水にさらし、水分を絞るとアク抜きとなる。炒めて食すか香草としても使える。

02

マツヨイグサ

時期：春〜夏

特徴：若い根茎（コショウを効かせたような風味がある）を根菜として、または新芽をサラダで食べることができる。和食としては、若芽をおひたしにしたり、花を天ぷらにするなどして食べることがある。また、全草を煎じて収斂剤あるいは鎮静剤に使用することも。これらは喘息に対する鎮咳効果や、胃腸障害に対する鎮静効果があるとされている。

03

タンポポ

時期：春～夏
特徴：タンポポの葉は古くから東ヨーロッパや中東で食用にされており、多少の苦味があるがサラダなどにする。特にスロベニアでは人気がある。日本では、若葉を軽く塩ゆでして水にさらしてあく抜きし、お浸しや和え物、味噌汁の具にする。花は二杯酢などで食べたりもできる。タンポポ茶もおすすめだ。根を5mm ～ 1cm程度に刻み、天日干しで乾燥させたものを煮出せば完成だ。

04

スギナ

時期：春～夏
特徴：市街地周辺から農耕地帯に広く分布し、山地、原野、野原、荒れ地、畑、土手、道ばたなど日当たりの良い酸性のやせた土地を好み、大小の集団をつくって群生する。スギナはホウレンソウの100倍以上のカルシウムを含むという。炒めものでもいいし、パスタの具にもなる。若い栄養茎を乾燥・焙煎したものを茶として用いる。スギナ茶には、むくみを解消する効果があるといわれている。

05

カタバミ

時期：春～夏

特徴：ハート型の葉が特徴。多年草で、庭や路傍に普通に生え、雑草として広く世界に分布している。茎は地上をはったり斜めに立ち上がったりして、長さ 10～30cmとなる。葉は酸味が強いのでサラダやパスタのアクセントにしよう。ビタミンCが豊富だがシュウ酸を含んでいるため多量の摂取は避けよう。

06

オオバコ

時期：春～夏

特徴：高地から平地まで、道端などによく生える野草で、地面から葉を放射状に出して、真ん中から花穂をつけた茎が数本立つ。あぜ道などにたくさん生えている。若葉は茹でて、水にさらすと食用になる。外皮からとれる食物繊維は、カロリーが低く満腹感を感じさせるもので、ダイエット食品の材料としても使われている。葉や茎を素揚げや天ぷらに。クッキーを焼くときにタネを混ぜ込むという方法もある。

07

クズ

時期：春～夏

特徴：根を用いて食材の葛《くず》粉や漢方薬が作られ、万葉の昔から秋の七草の一つに数えられている。根を乾燥させたものは生薬の葛根（かっこん）で有名だ。山野の林内や林縁、土手などに自生しており、荒れ地に多く、人手の入った薮によく繁茂する。春先から初夏にかけて伸びるつるの先端部は、摘み取って食用にすることができ、茹でてお浸しや天ぷらなどにする。

08

イノコヅチ

時期：春～初秋

特徴：日のあまり当たらない場所に生える雑草。日本の本州、四国、九州に分布する。古来より日本にある植物で、林内、山野、路傍、藪などいたるところに生えている。第二次世界大戦中の日本では、戦時下の食糧難で食べられる雑草として「夏の七草」の一つとして食用を推奨されている。アクが少なく、サラダや調理して一般の野菜同等に使うことができる。

09

ツユクサ

時期：春〜夏

特徴：ツユクサは、日本を含む東アジア原産で、畑の隅や道端で見かけることの多い雑草である。花は朝に咲き、昼にはしぼむ。花の季節に全草を採って乾燥させたものは鴨跖草（おうせきそう）と呼ばれ、下痢止め、解熱などに用いられている。 青い花が咲いている時期は食用にもなる。クセがなく、葉や茎をおひたしで食べられる。味噌汁の具にもいい。花はサラダとしても食べられる。つぼみは天ぷらにするのがおすすめだ。

10

ギシギシ

時期：春〜夏

特徴：早春の時期、若芽は日本の東北地方で山菜として食用されている。葉が開く前の若芽には透明なぬめりがあり、独特の食感からも方言で「オカジュンサイ」と称されている。若芽は袋状のさやを取り除いて軽くゆでて水にさらし、おひたしや和え物、味噌汁の具などに使うことができる。

SURVIVAL TECHNIQUE 045

想定されるシチュエーション

避難生活

マルチに使える薬草ミストを仕込もう

How to make "Herbal Mist for Multiple Uses"

ネイティブ・アメリカンのように、野草のある日常を生きてみよう

豪雨などの影響による避難生活では、部屋の空気がどんよりしたり、布団が干せなかったり、色々なものが湿気臭くなってしまったりということもある。今回はそんな時に活躍するかもしれない薬草ミストスプレーの作り方を紹介する。準備するものは以下の通りだ。

●野草（今回はヨモギをピックアップ）
●保存瓶（450㎖ほどのもの）
●まな板
●ナイフ
●無水エタノール
●蒸し布
●小さめのざる
●アルコール対応のミストボトル

収穫の際、一般的には「葉」を使う事が多いようだが、茎ごと採取してみてもいい。茎は結構繊維が固いので、ナイフがあると便利だ。今回はその場で刻んで仕込む方法を紹介する。持ち帰って乾燥させてから作る方法もある。どちらが正しいとかではなく、ルールや形にとらわれず、自由に、伸び伸びと、色んな事を試してみよう。刻む細かさも、今回は1センチくらいの幅で一回切っただけだ。次に無水エタノールを注ぐ。実は、消毒用エタノールでも、濃度は薄くなるが値段が半額近いので、こちらもおすすめできる。但し抽出される成分も薄くなることを承知しておこう。瓶の中の空気の量が少なければ少ないほど、カビを防げる。ギュウッと押し付けない程度に野草を瓶一杯に入れて、その野草が全て浸るくらいのエタノールを注ぐ。浸けた日をラベリングして2週間おく。備忘のために日付をラベリングしておこう。使い方は想像力次第。内服さえしなければ、何にでも使ってみよう。ヨモギの薬効は本当に沢山あるが、今回活躍するのは、主にヨモギの抗菌、殺菌作用、抗炎症作用だ。

空間洗浄スプレーに使う

ネイティブ・アメリカンのスマッジングという習慣で、セージを乾燥させたものを焚いて、その場を清めるというものがある。空気中の菌などに作用し、空気を綺麗にする働きがあるとも言われている。

筋肉や関節の炎症などに使う

抗炎症作用があるので、筋肉や関節の痛みがある時には、塗布してみよう。塗布してすり込んで、アルコールが揮発する際に、成分が肌に染みこむ。

出典：カシオ計算機　WILD MIND GO! GO!「ブッシュクラフト入門 #6　マルチに使える薬草ミストを仕込もう！」
https://gogo.wildmind.jp/feed/howto/117

SURVIVAL TECHNIQUE

046

想定されるシチュエーション

避難生活

Pine Needle Tea（松葉茶）を煎れてみよう

How to make "Pine Needle Tea"

松の葉はビタミンCが豊富だ

　本書で皆さんに伝えたいことは、遊び感覚で、楽しく、サバイバルテクニックや心構えを身につけること。ここでは、誰でも本当に簡単に作れる方法を紹介する。手軽にワイルドな気分が味わえて、ほっこり美味しい、そして薬効もたっぷり、ブッシュクラフトをする人達の間で大人気のPine Needle Tea（松葉茶）を煎れてみよう。

　松の葉の薬効は沢山あるが、その多くは豊富なビタミンCからもたらされる。しっかりと濃く出せば、同量の生搾りオレンジジュースの5～6倍のビタミンCが含まれているとも言われている。まず、松の葉を数本、軽く洗い、口の中に含み、ガムのように噛んでみよう。若干の渋みも感じるが、噛み続けているとすぐにビタミンC特有の酸味が感じられる。

　実際、ネイティブ・アメリカンは、この「松の葉」ガムでビタミン補給をしながら長距離移動していたらしい。口の中に残った繊維は飲み込まずに吐き出そう。口の中がすっきりするというオマケもついてくる。松アレルギーのある方などは、喉のいたみ、吐き気、下痢などがおこる場合がある。また、微量だがカフェインが含まれるという説もあるため、気になる方や妊婦の方は念の為接種を控えよう。

　実は、中国では古くから、「松の葉は仙人が不老長寿の秘薬として常用していた。」と伝えられているそうだ。日本でも戦国時代には非常食として利用されていた。そして近年、コロナ禍において松葉茶が一時的に注目されていた。

　松の葉を収穫する量は、鍋に投入した際、湯面全体を覆うくらいを目安にする。葉の根元についている茶色い部分は、渋みのもとになるので取り除こう。

　諸説あるが、指でちぎったり、ナイフで刻んだりするとお茶の出が良いように感じる。基本的に副作用はなしとされているが、自身の体調や体質に合わせて摂取しよう。また、血液をサラサラにする働きのある薬を服用されている方は摂取を避けること。まれに、マツの精油により、まれに胃痛や皮膚の発疹などの症状が起きる可能性が生じる。

　松葉を煮出してしまうと、香りやビタミンCが飛んでしまう。あくまで**沸騰しない程度の温度を保ちながら蒸らす感じ**がポイントだ。煮出したり、沸騰後に、火からおろして松葉をいれて蓋をしめてトロ火にもかけずに蒸らしたり、色々とやってみたが、この方法が一番美味しい。苦味があると言われているが、私はそれほど感じなかった。

　薄味なのでこの香りが好きな方にとっては飲みやすいお茶だと思う。身近にある植物でお茶を淹れる。こうしたサバイバル習慣をぜひ身につけておこう。

出典:カシオ計算機　WILD MIND GO! GO!「ブッシュクラフト！ポットクレーンを作って Pine Needle Tea を煎れよう」
https://gogo.wildmind.jp/feed/howto/182

SURVIVAL COLUMN TECHNIQUE

情報中毒に気をつけよう

情報中毒とは？なぜ起きるのか？

発災時には多くの情報があなたのもとに届くようになる。コロナウイルス蔓延時も正にそうでした。もし今皆さんが新型コロナウイルスが怖い、不安だ、どうしよう、というような気持ちを常に抱えているのであれば持っていたら、それは情報中毒かもしれません。そして情報中毒というものは、時にウイルスなどの脅威そのものよりも急速に蔓延していくものなのです。日常生活でも「スマートフォンをさわっているつもりはなかったのに、気がついたら無意識でスマートフォンを取り出してSNSをチェックしていた」という経験がある人も多いはず。これは発災時や新型コロナウイルス禍という「非日常」時にはより多くその傾向が出ているようです。情報中毒というものは「中毒」という表現されているほどなので情報量を取り入れすぎてその人の処理能力キャパシティを超えてしまう状態といいます。自分達で対応、解決できない情報は特に危険です。情報中毒となって人がアウトプットする情報はさらにネガティブになるという傾向もあります。情報は内容が悪化しながら、どんどん蔓延していく傾向にあるのです。

情報中毒に対処するには

情報中毒というものが存在していることを知る

今、こちらを読んでいるあなたは情報中毒がなんであるかを認識しています。実はこれが一つの対処法になっているのです。得体が知れているということは「自分もそうならないように気をつけよう」を思うようになるわけです。その時点でリスク管理の第一歩を踏み出していることになるわけです。得体の知れない恐怖を、得体の知れた恐怖に変えていきましょう。

情報摂取量を適量にする

「中毒」はキャパオーバーだからこそなりうる状態です。一日の必要な情報はテレビで言うと朝・昼・晩のニュースを流してみておけば手に入ります。しかし、避難生活などでかつ電源も確保できていると気がつけば１日中スマートフォンで情報を仕入れていることになりがちです。しかも無意識のうちに。「１日のうちに３回だけ確認しよう」という習慣を手に入れることは大事です。

情報を整理する

「整理」といわれると、億劫になってしまう人もいるでしょうが、することはいたってシンプルです。「個人レベルで対処できるか、できないか」です。ダークな情報をダークなままであなたの中に残さないことです。自分が対処できるレベルであれば受け入れても構いません。その情報に対してできることがなければ「放っておく」のが一番です。以降それらの情報は思い切って遮断してしまいましょう。

ネガティブな発信をしない

これは正直難しいところもあります。私もついつい不平や不満を発してしまいます。

不平を言うことによってスッキリするのであればいいですが言葉は言霊と言われているように呪文のように自分やまわりをネガティブにしてしまいます。なにか情報を発信する際には一息ついて、それが情報を受ける人にとって何を及ぼすか、少しだけ考えてみましょう。

Chapter 3

都市災害における、思考と情報

SURVIVAL TECHNIQUE

047

想定される
シチュエーション

地震

「地震が起きたら机に潜る」について思考してみよう

Let's Re-think about "Evacuate under the desk in case of an earthquake."

情報を最大限に活かすために

災害対策に関連する情報は、世の中に蔓延している。「グラっときたら机の下へ」といった有名なものから、トイレをどうするか、飲み水はどう確保するべきか、交通網が麻痺したら？　携帯が通じなくなったら？　など、闇雲に集めようとすると、それこそ暗記しなくてはならない事がたくさんある。だが、それらの情報を集めて覚えたとしても、それらは中々機能しにくい。骨組みがないからだ。だがそれらの情報を集めて覚えたとしても、それらは中々機能しにくい。そこで情報収集前に骨組みを作り、ここで言う「情報」を、「肉」に例えてみよう。肉がいくら集まっても山積みになるだけで、動かない。すなわち機能しない。だが事前に骨組みが出来ていれば、必要な肉だけを、必要な場所に割り当てる事ができる。そして骨組みと筋肉がうまく組み合わされば、相互に作用し合い、ダイナミックに動き出す。**自分が欲しい情報は何なのか、自分が何を知らないのか、何を知りたいのかを明らかにする**こと。それが骨組みを作るという事だ。骨組みを作る作業をした後、初めて自分の必要な肉＝情報を探しにいくのだ。そうして集めた情報は、積み上げられた肉片のように埋もれることなく、腐る事なく、いつまでも活き活きと動き続けるのである。

机は横に押し倒される力に弱い

トライアングルエリア。建物の崩壊時には安全とおわれている

サバイバルでも真逆の意見は唱えられる

先述の通り、日本ではよく**「地震が発生したら机の下に隠れろ」**と言われる。小学校の避難訓練でもそう習った人は多いだろう。だが近年は、**「地震が起きたら机の下には入ってはいけない」**という考え方もあることをご存じだろうか。

「トライアングルエリア」という考え方がある。2017年のメキシコ中部地震をきっかけに広まった考え方で、建物が崩壊する際には、ベッドなど構造物の脇に柱や壁が倒れ掛かることでできる三角形の小さな空間がもっとも安全だ、というものだ。建物が崩れるときは縦に垂直につぶれるのではなく、四角形が平行四辺形になり、やがて平らになるように、横方向に倒れるという。机は真上からの圧力には強いが、横に押し倒される力には強くない。つまり、「机の下にもぐると助からない」という意見である。さて、それでも地震時は机の下にもぐるべきか。机の下にもぐるのは禁物でトライアングルエリアに伏せるべきか。私には答えられない。**「あれもこれも」がサバイバルの基本スタンス**だからだ。「今」そこにある場所で、地震が起きたときどちらを選択すべきかを事前に決めておくことだ。たくさんのテクニックや知識に触れると、そこから新たな法則が生まれる事もある。とにかく何かを否定するような気持ちや感覚を持たないようにしよう。

SURVIVAL TECHNIQUE

048

想定される
シチュエーション

地震

行動範囲を整理し、リスクを割り出そう

The First Step Of Emergency Plan - Know Where You Go

時間を過ごす場所を箇条書きにする

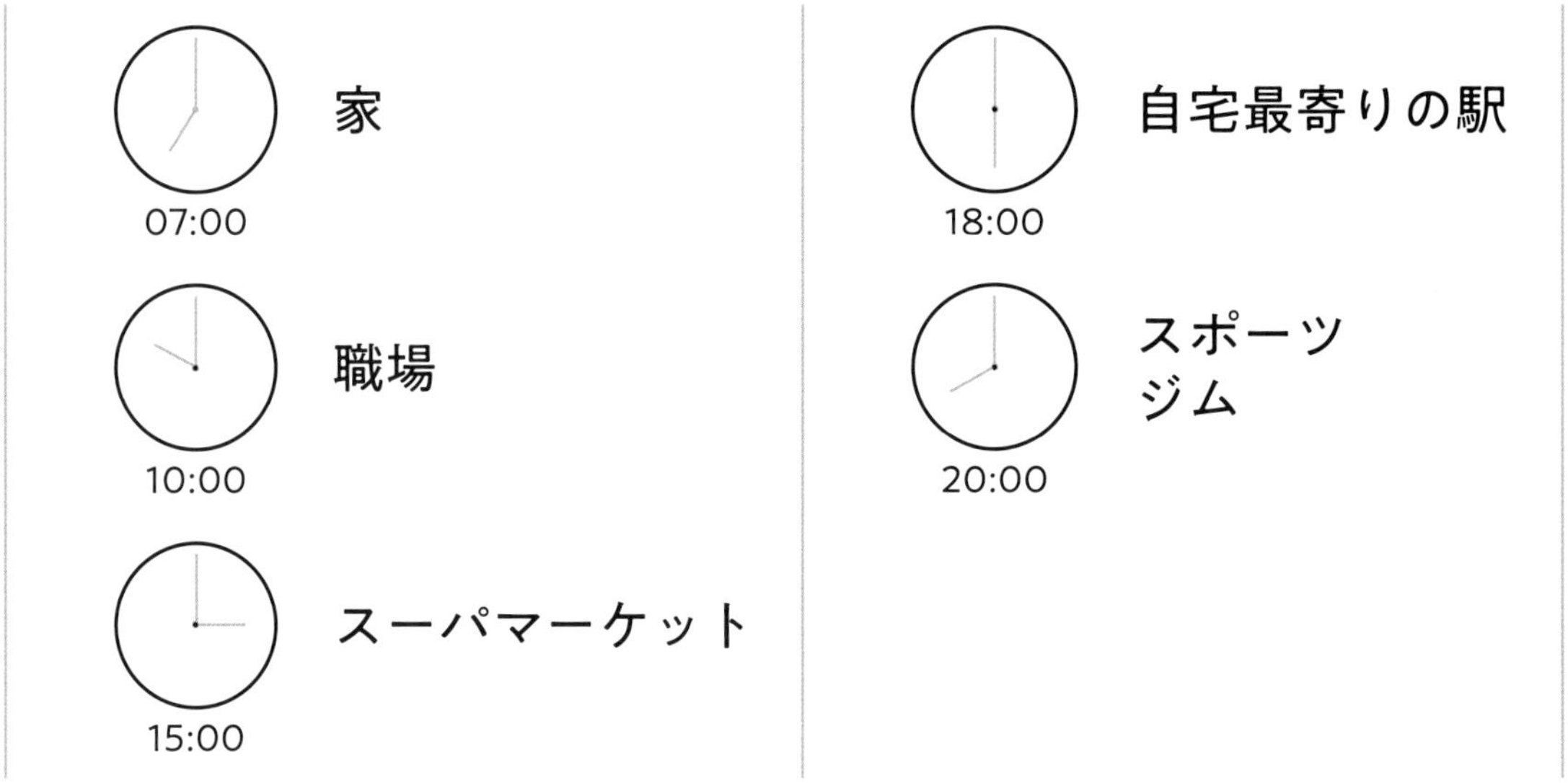

ここからは一緒に、日常にあるリスクについてのサバイバルプランを一緒に仕上げていこう。まずはあなたが直面する可能性があるリスクをピックアップしよう。想定すべきリスクはまず、あなたがいる場所によって変わる。行うべきピント合わせは、行動範囲の割り出しだ。**あなたがどこで主に時間を過ごしているのか、紙に書き出してみよう。**一つの場所のプランを立てると別の場所にも応用可能な対策が生まれる事も珍しくない。紙を用意し、図のように自分の生活を振り返りながらあなたが主に時間を過ごす場所を箇条書きにしよう。あまり考えず感覚的に書き出してほしい。この作業に費やす時間は2、3分もあればいい。大半の方が長い時間を過ごすのは、なんといっても自宅と職場や学校、あとはよく行くスーパーやジム、飲食店、最寄り駅、電車やバスくらいだろう。せいぜい5~6か所程度だろうか。ラフでいい。書き出したら、中でも一番長くいる場所をピックアップしてほしい。おそらく自宅か職場になるはずだ。あなたが、プランをまず立てるべきステージはそこだ。優先させた要素、リスクに対する対処プランを元に応用させるのである。皆さんには、(明日に大地震が来る可能性はあるが)時間制限はない。たまに出かける場所は後回しにし、一度しか出かけないような旅行先などでは、いくつかのプランを立てた結果として身につく応用力で対応しよう。

SURVIVAL TECHNIQUE 049

想定されるシチュエーション
地震

「エンビジョニング」を体験しよう

Let's try Envisioning.

あなたはリンゴを想像できるか

「エンビジョニング」という想像の手法を体験してほしい。一言で説明すると「想像」のことだ。リンゴを想像してほしい。頭の中に赤くて丸いリンゴの映像が浮かんだことだと思う。頭の中に、何となく二次元的に浮かぶ想像を、ここでは「イメージング」と定義づけする。エンビジョニングの場合はそうではない。リンゴは確かに赤くて丸いかもしれないが、他にもつるっとした手触りや甘い香り、味などの情報を持っている。にもかかわらずそれらの情報がリンゴに付随していなかったら、現代社会が視覚情報に依存しているせいかもしれない。おもしろいことに、文明と隔絶された社会に住む人々に同じような課題を出すと、視覚情報だけではなく触覚や味覚、嗅覚に関する情報も想像することがわかっている。しかも想像する場所は頭の中ではなく、目の前の空間に思い浮かべるのだそうだ。これがエンビジョニングである。

リビングでのエンビジョニング

エンビジョニングの能力を豊かにするためには感覚を敏感にして日々を送る必要がある。もし、リビングで大きな揺れに襲われたとしたら、どんなリスクが起きるだろうか?もし揺れを想像するどころか、今のリビングの情景さえエンビジョニングできなかったとしたら、第一の改善点がそこにある。現状では、あなたはそもそも自宅のことをきちんと把握できていないということだ。今の状況を把握出来ていなければ、当然そこに潜むリスクを予想する事は難しくなる。逆に、激しく振動するガラス戸や地震の地鳴り、立っていられないほどの揺れなどがリアルに思い浮かんだ方もいるかもしれない。状況を深く把握しておく事こそ大切なのだ。

改めてリスクを想像してみよう。

- 停電で真っ暗
- 立っていられないから座ってしまう
- 戸棚が倒れるかもしれない
- 台所から火が出ないだろうか

といったリスクが想像できると良い。これらのイメージは都市型サバイバルの骨になる部分なので、大切にしてほしい。自分の家を知り尽くしたあなたがこのように想像した以上、誰が何と言おうとリスクは存在しているのである。そこに住むあなたこそが最高の危機管理プランを作れるのだ。

SURVIVAL TECHNIQUE
050

想定されるシチュエーション
災害全般

リスクマトリクスを活用しよう

Using The Risk Matrix

リスクマトリクス

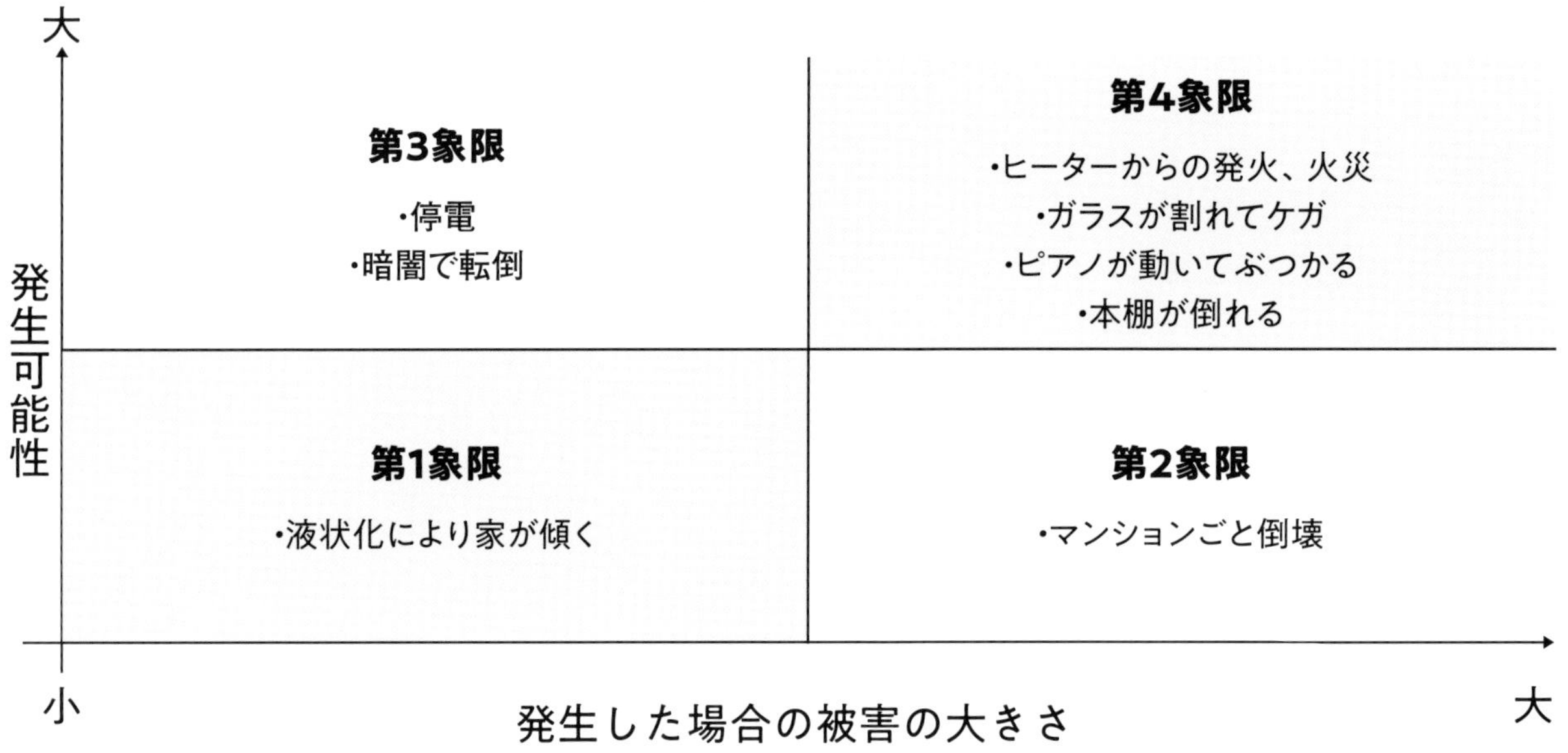

対策する優先順位を決めよう

エンビジョニングによってリスクが出揃ったら優先順位をつけよう。ここで活躍するのが、図表の「リスクマトリクス」だ。縦軸に発生可能性の大小、横軸に被害の大小をとった4象限で、危機管理の世界ではよく知られている。4つのエリア（象限）に被害の大小と発生可能性にしたがって先ほどのリスクを配置していくのだ。3分程度で直観的に行ってほしい。発生する可能性は高いが、被害は小さいリスク（第3象限）の優先順位は低い。窓際に置いた目覚まし時計が落ちる確率は非常に高いが、被害はほぼないだろう。同じように、発生したら被害は大きいがまず起きないであろうリスク（第2象限）も優先順位は低い。この段階で、どこに置いてよいかわからないリスクがあったら、そのリスクが十分に明確化されていないということを意味する。ありがちなのが「電気関係のトラブル」という概念的な割り出しを行なっている場合である。その場合は「停電による明かりの消失」など、改めて細分化する事で振り分けやすくなる。（詳細は後述）リスクを配置し終えたら、発生する可能性が低く、万が一起きても被害が小さいであろうリスク（第1象限）は後回しにする。**リスクを配置することによって、調査不足案件の洗い出しもできる**のだ。その点でも非常に重要な作業と言える。第4象限に来るリスクは、発生可能性が高く、かつ被害も大きい。先ず対策を立てるべきは、間違いなくここだ。よほど特殊な対策が立てられている家でもない限り、第4象限には火災が挙げられる傾向にある。

SURVIVAL TECHNIQUE

051

想定される
シチュエーション

地震

「ベースライン」を単純化しよう

Simplify the Baseline

「自宅のどこに何があるか」を把握できるようにしよう

日頃の整理整頓で助かる命がある

自分でプランを立てる際には、常に時間を区切ることを忘れずに、全体像を仕上げよう。そうすることで実際にリスクが起きた時の決断力も鍛えられる。ここで、あらゆる危機管理に役立つ「ベースラインの単純化」を伝授しよう。ベースラインとは、平常時の様子のことだ。たとえば、普段の部屋の状態のことを「部屋のベースライン」という。危機管理を考えると、ベースラインは単純であるほど良い。究極は何も置かないことが最強である。とはいえ、部屋を空っぽにするわけにはいかないだろう。だから、整理整頓が重要になる。**整理をすることは自分の意思で物を操作する**ことなので、部屋のレイアウトに自分の意思が宿る。整理整頓をして、部屋のレイアウトがシンプルにおさまれば、やはり状況を把握しやすくなり、リスクも読みやすくなる。本書の技術協力のメンバーの一人は、整理整頓による危機管理がしっかりと身についている。本棚の本の置き方にも規則性を設けており、誰かが勝手に何気なく本を手に取ろうものなら、誰かが本を手にした事だけでなく、どの本を手にしたかまでわかってしまうのだという。このようにベースラインを単純化することは、リスクを発見しやすくする上で、非常に重要な作業である。

SURVIVAL TECHNIQUE
052

想定されるシチュエーション
人災

リスクの「兆し」を細分化しよう

Subdivide the Risk into Signs

リスクを兆しに細分化する

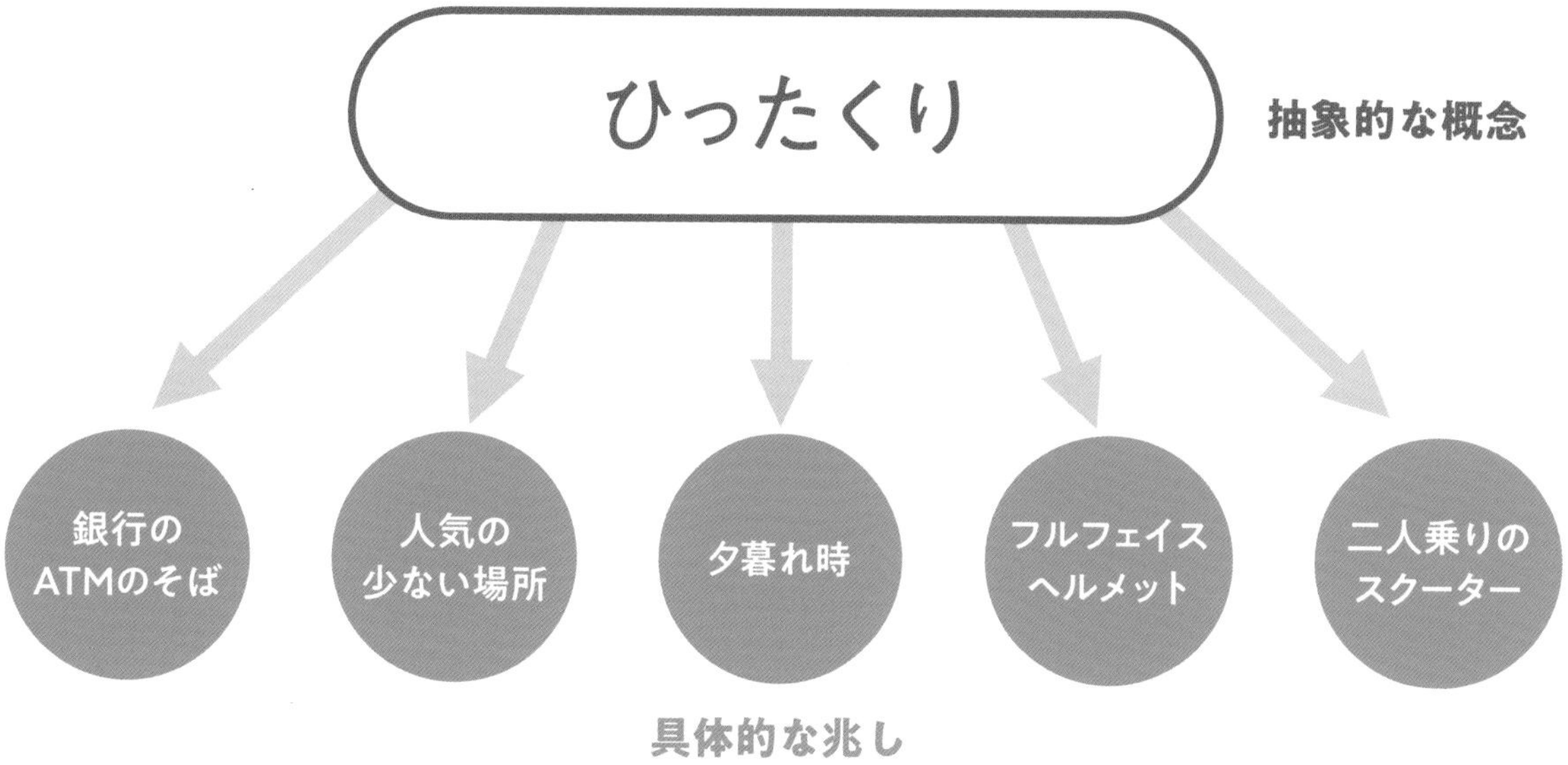

ひったくりを例に考える

ここまで、リスクは抽出し、その上で優先的に対策を立てるべきだと分かった。しかし、具体的なプランを立てるには、リスクが抽象的すぎる。都市型サバイバルでは、感覚で把握できるレベルまで具体化して対策を立てよう。きちんと具体化、細分化すれば、それが「兆し」となり、予防法や対策がクリアに見えるようになる。

例えば、「ひったくりに注意」というような看板について、五感でとらえられるレベルまで細分化してみよう。具体的に何にどう注意すればいいのかを明確にするのだ。なぜなら、**「ひったくり」とは抽象概念でしかない**からである。さらに細分化してみよう。「銀行のATMのそばで、人気の少ない夕暮れ時、フルフェイスヘルメットを被りスクーターに乗った男が、現金をおろして外に出てきた女性高齢者に後ろから近づき、バッグを奪い取った」という事例が出てきたとする。ここで初めて「兆し」が見えて、何に気をつければ良いのかがわかる。「銀行のATMのそば」「人気の少ない場所」「夕暮れ時」「フルフェイス」などの要素は情報整理の基本である5W1Hに分類される。まさにこれらが「兆し」である。ここまで細分化すれば、それぞれのリスクを避けるなり注意するなりといった対策を立てられるようになる。

リスクが高い状況か否かを瞬時に把握できるようになろう

「兆し」は時に、一つだけではそれほどのリスクとは言えない。今のひったくりを例に挙げるなら、スクーターが現れただけならば、それを認識する必要はあっても、そこまで注意する必要はない。そのスクーターがひったくりである可能性は低いからだ。しかし、**「兆し」は積み重なるほどリスク発生に近づく。**スクーターだけなら問題ないが、そのスクーターに乗っている人間がフルフェイスのヘルメットをかぶっており、周囲は人気がない住宅街で、あなたが銀行から下ろしたばかりの大金をバッグに入れた高齢女性だとしたら、相当警戒したほうがいいだろう。要人警護をする特殊部隊などでは、リスクはもちろん、リスクの兆しを徹底的に共有する。仮に（ちょっと考えにくいが話を分かりやすくするため）「要人をひったくりから守れ」という作戦があったら、「後方からスクーター」「警護対象者、地点Aを通過中」などといったわずかな情報でも、無線などを通して随時共有していく。こうすることで、今リスクが高い状況か否かを瞬時に把握できるからである。ときには、「兆しが3つ以上現れたら退避」というように、兆しの数によって撤退のタイミングを決める場合もある。これは、撤退のラインを明確にするという意味でも重要なエピソードと言える。

「ひったくり注意」の看板を見たら
「なぜそこに看板があるのか」
というリスクの兆しを見つける訓練にもなる。

SURVIVAL
TECHNIQUE
053

想定される
シチュエーション

火災

「クリアリング」を実践しよう

Delete or Clarify the Signs

リスクの細分化が終わり、兆しを割り出せた。ここまで長く解説したが、一度手順を覚えれば実際に費やす時間は30分程度だ。

それでは「クリアリング」に取り掛かろう。クリアリングには二つの意味がある。一つ目は兆しを取り除き、リスクを消去することである。二つ目は、取り除けないリスクに対して、リスクの兆しを明確化することだ。「あそこにリスクがある」とわかっているのとわかっていないのとでは大違いだ。兆しが目立つようにし、リスクが発生したらすぐ分かるようにするのである。クリアリングにより、いわゆる初期対応が可能になる。予防案、初期対策案を練っていたとしても、ついにリスクが起きてしまったらどうすればよいのだろうか？慌てることはない。そう、最悪の事態が起こってしまっても、リカバリーの可能性が残されているのだ。すなわち、「リスクが起きたあと」に対しても同じようにプランを立てておけばよいのだ。また、対策が不可能な場合はやはり明確化をしっかりしておくことで対処する。明確化し、それを心に留めておけば、ある日名案が浮かぶかもしれない。大事なことは「得体の知れない恐怖を、得体の知れたものにする」ことだ。得体の知れない恐怖に対しては怯えて暮らすしかないが、得体が知れた、明確になっている恐怖なら、勝つ保証はなくてもいくらでも戦いようはある。

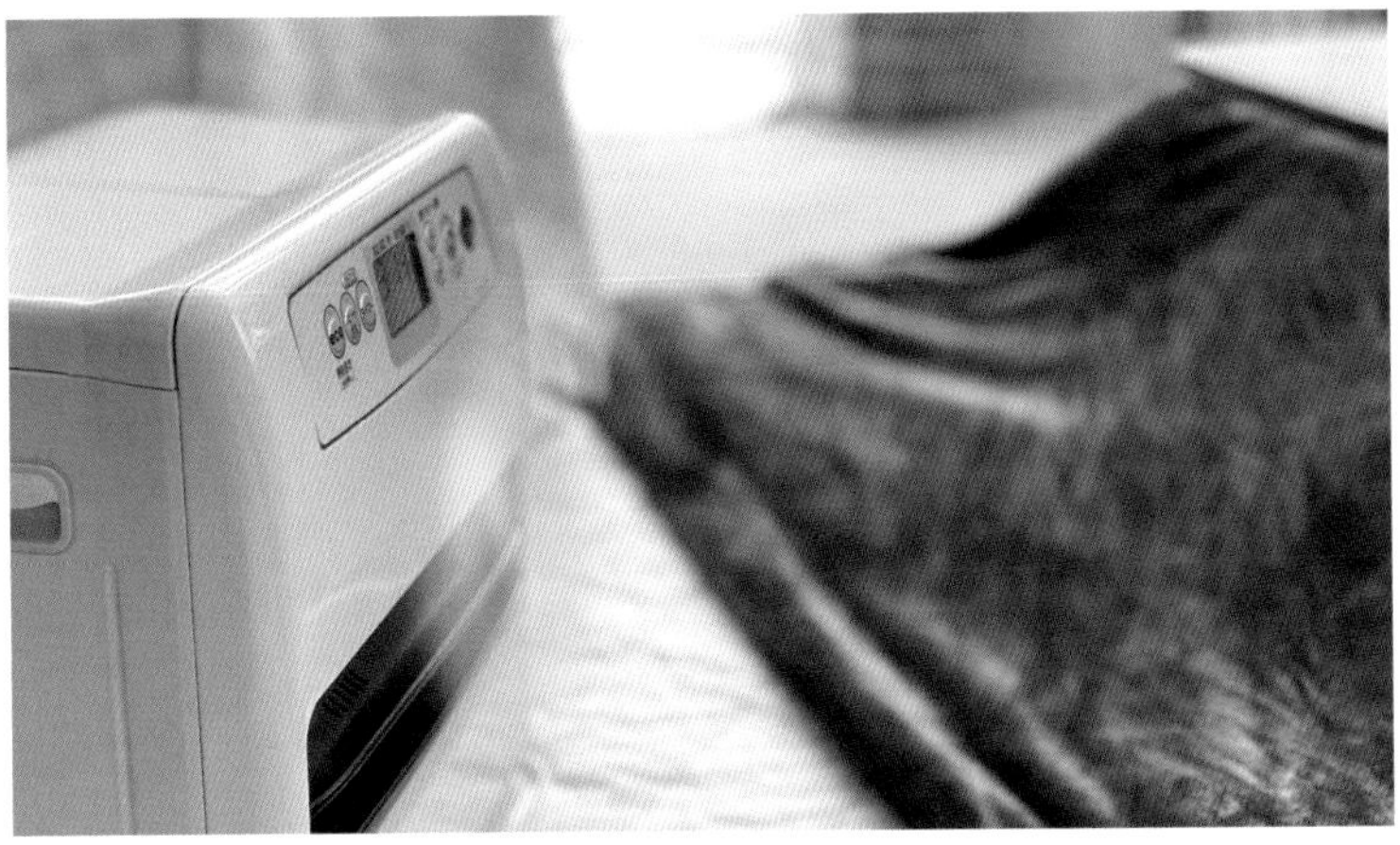

時間で見る火災の成長

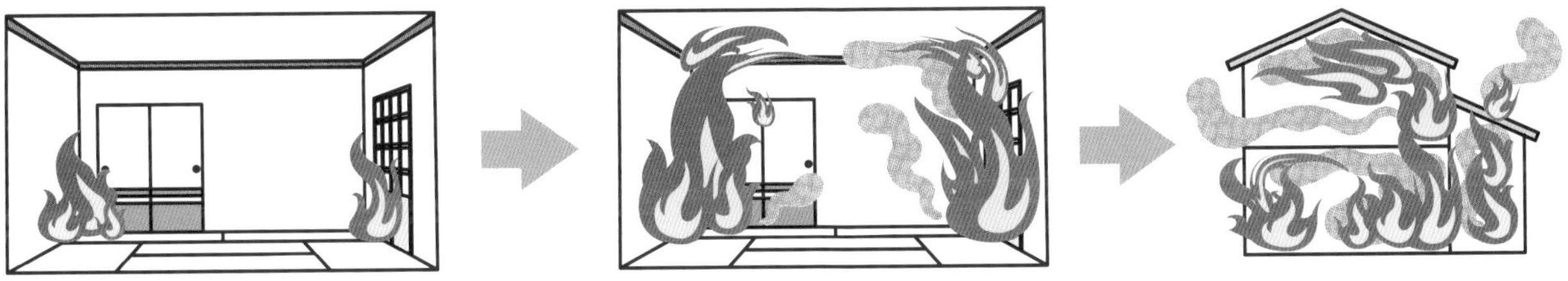

初期消火の時期
出火してから２分前後で壁板、ふすま、障子などの立ち上がり面に燃え移る。

個人での消化は不可能
消防隊による消化が必要
天井に燃え移るまでに約2分30秒。出火の場所や状態によってはもっと早い。

個人での消化は不可能
消防隊による消化が必要
約５分後には、隣室各部屋へ延焼。火は２階の天井へ（約７分）。

参考：東京消防庁

ストーブを例にしたクリアリング

まず、ストーブのそばに洗濯物が干してあるとする。発火源のそばに可燃物があるのは火災の兆しであるから、ストーブか可燃物を移動させればクリアリング（＝リスクの消去）は終了だ。少なくともそのストーブが原因で火災が起きる可能性は小さくなった。ストーブなどの典型的な発火源は日常的に注意しておく必要がある。固定されていない本棚やタンスの「圧死の兆し」は突っ張り棒で固定する。このように、取り除けるリスクは少なくない。しかし、中には取り除きにくい兆しもある。たとえば、どうしてもストーブのそばに可燃物である洗濯物を干さなければいけない場合は、必ず目の届く場所に置き、明確化する。目の前で起きる火災なら、初期対応が可能となる。無人の部屋でストーブを焚き、そのそばに洗濯物を干すのが最悪だ。そんな場合にもせめて煙探知機を設置する。これも火災が発生した事がすぐに分かるようにしておくという意味でのクリアリング（＝リスクの明確化）だ。中には削除も明確化も出来ない兆しもあるが、兆しが何なのかを明らかにした時点で最低限のクリアリングをしている事になるので大きな意味がある。クリアリングの目的は予防・初期対策案を作ることだ。予防案、初期対策案を戦略的に割り出すための手段だと考えてほしい。

SURVIVAL TECHNIQUE
054

想定されるシチュエーション

災害全般

パイロットから学ぶリカバリープラン

Learning Recovering Plan from Pilots

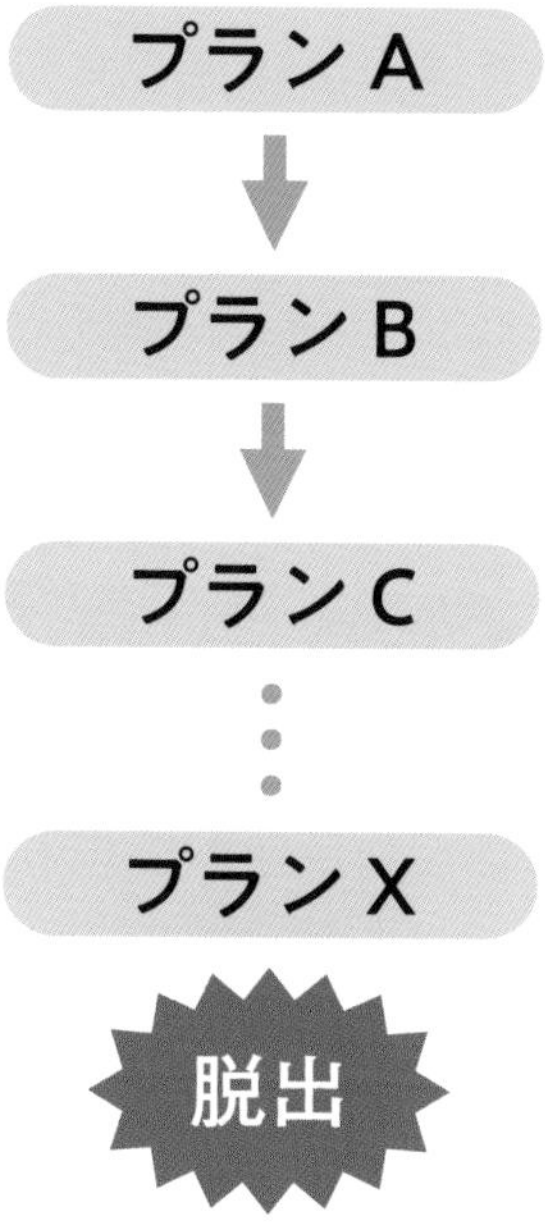

プロはみな、リカバリープランを設計している

最悪の事態が起こってしまっても、リカバリーの可能性は残されている。「リスクが起きたあと」に対しても同じようにサバイバルプランを立てておけばよいのだ。プロは、どんな場合も最悪の事態を想定して行動する。絶望はしない。航空機のパイロットは、万が一トラブルが起きても対処できるよう、あらかじめさまざまな訓練を受けている。航空機も、リスクを最小化するように設計されている。すでに解説したリスクの兆しを徹底的に排除しているのだ。だが、それでも航空機が予測できないトラブルに見舞われることはある。そんなときもパイロットは決してあきらめず、最寄りの空港への着陸を試みるだろう。燃料が空港まで持たないなら、できるだけ安全な場所に不時着をしようとするだろう。自暴自棄になるパイロットはいない。このように、およそ考えられる最悪の事態が起こっても、プロはリカバリープランを持っている。災害に見舞われたわれわれも同じだ。いざ**災害が襲ってきても、リスクの最小化を行っていれば、二次災害の発生はかなり抑えられる**が、リスクは0にはならない。リスクが現実のものになってしまうことは当然ありえる。そんな時には即座にリカバリープランを実行し、被害を最小限に抑えるように努力するのである。

リカバリープランには バックアップを用意する

リカバリープランは一つではなく、可能な限り二つ以上用意しておく。一つだけしかないと、そのプランが駄目だった場合に対処できなくなってしまう。だからバックアップを用意するのである。まず、行うプランAがあり、プランAの効果がなかった場合のプランBも用意する。プランAはスタンダードな方法がいいだろう。プランBは、発動する場合はプランAの効果がなかったときだから、プランAとは性質が異なる必要がある。さらに、シンプルさを保てるのであれば、プランC、D……とバックアップを用意しておいてもいい。複雑なものは機能しにくいという教訓を思い出してほしい。**命にかかわる場面ではバックアップを用意する**のが常識になっている。現代の航空機の操縦系統も同じで、必ずバックアップがある。翼などを動かす油圧系統は複数用意されているから、もし一つの油圧系統がダウンしても操縦不能にはならない。さらに、もしすべての油圧系統が全滅しても、「ラムエアタービン」と呼ばれる小さなプロペラを機体から出して発電し、最低限の電力を得られるようになっていることが多い。われわれも同じようにリカバリープランを立てよう。

最後の手段「プランX」を必ず用意する

リカバリープランを語る上で絶対に忘れてはいけないのが、最後の手段である「プランX」を準備しておくこと、それを実行する条件を明確にすることだ。プランXは、およそ考えられる最悪の事態に実行されるものである。多くの場合は退避を意味することになるだろう。リカバリーはあきらめるが、自分の命だけは守るということだ（リスクによってはプランXが存在し得ない場合もある）。トラブルに見舞われた戦闘機のパイロットはあらゆる方法で機体をコントロールしようとするが、手を尽くしても復旧できなかったときは、最後の手段としてパラシュートで緊急脱出をする。これはプランXの代表的な例だ。プランXの実行は心理的に難しい。登山では「引き返す勇気」が重要、という話を聞いたことはないだろうか。山頂が目前に迫っていると、どうしても無理をしてでも登山を続けたくなる。しかし、危険を感じたら勇気をもって引き返すことが命を救う、という意味だ。この言葉には、撤退することの難しさが込められている。どうしても諦めたくない気持ちが出てしまうものだ。だからこそ、**「こうなったら撤退する」という最終ラインを明確にし**、共有しておきたい。プランX発動の基準は明確で、誰にでもすぐわかるものでなければいけない。事態は一刻を争うのだ。

SURVIVAL TECHNIQUE

055

想定されるシチュエーション

火災

「消火成功」までのエンビジョニングを実践しよう

Envisioning the Full Process of Extinguishing Fire

地震時の電気に起因する主な出火状況

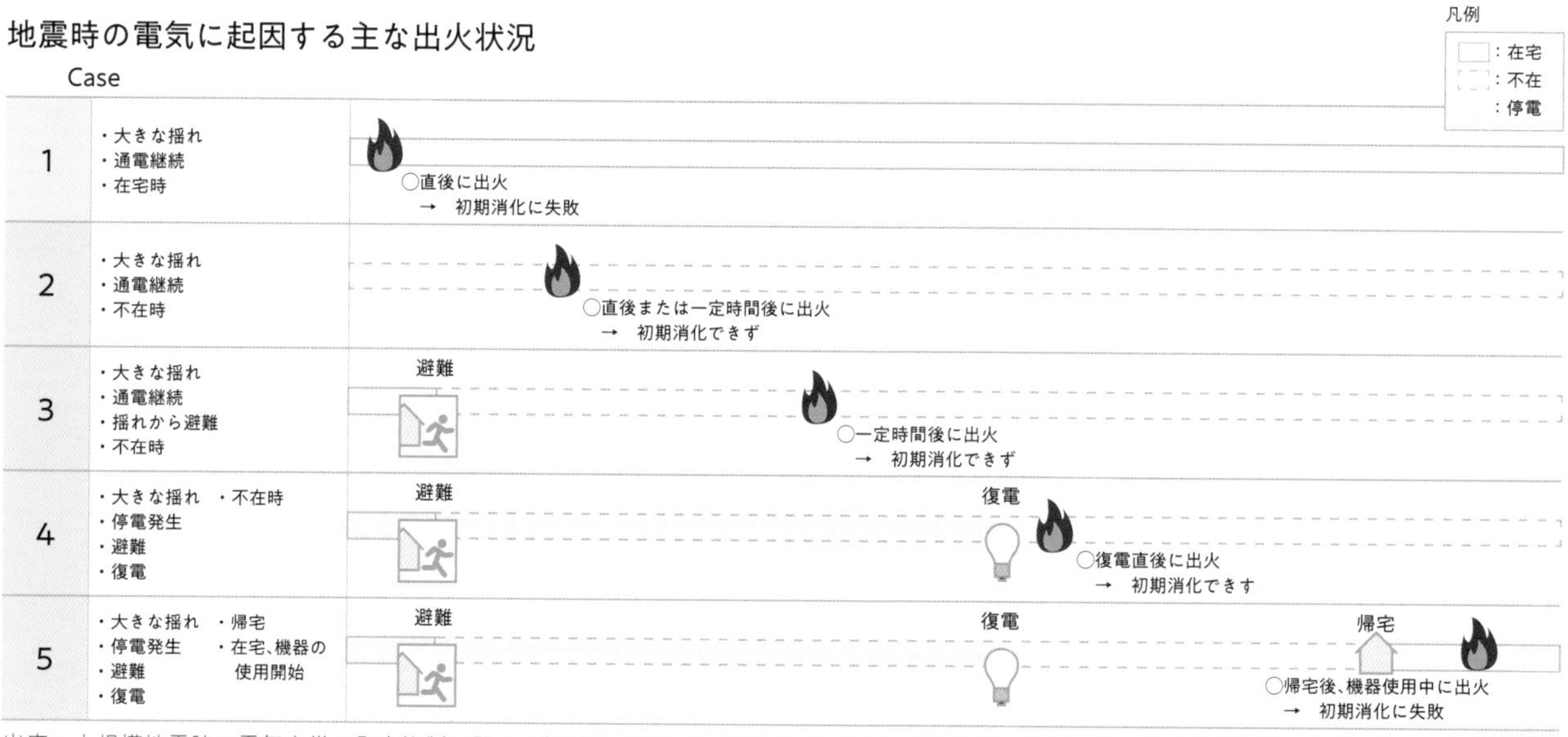

出店：大規模地震時の電気火災の発生抑制に関する検討会／内閣府（防災担当）「大規模地震時の電気火災の発生抑制対策の検討と推進について」平成 27 年 3 月より

避難や撤退にもリスクは潜む

リビングで火災が起きたらどうなるか「想像」してみよう。この想像とは、もちろん「エンビジョニング」のことだ。消火方法を調べずに、純粋に想像力だけで消火を試みるのだ。今回は最初のプランAとして消火器を選択して間違いない。そして先に示した通り、そのリカバリー行動を詳細にエンビジョニングする。火が出た時、周りはどんな状況だろうか？　暗いのか、明るいのか？　またどんな音がし、どんな匂いが充満しているのか？　火の大きさと範囲は？　消火器はどこにある？　消火器までどうアクセスし、どこをどう持ち、火のどの方向から、どれだけ近くに近づいて、消火までにどのくらいの時間がかかるのか？いかなる工程をもスキップせず、消火成功までのエンビジョニングを行う。しかし、消火器だけでは火が消えないかもしれないし、消火したはずの火がまた燃え出すかもしれない。そのリスクが見えると、次のプランBを想像できる。プランBはAが成功しなかった場合に備えるものだから、Aとは質が異なるものであるべきだ。さらには、プランBが失敗したり、自身にリスクが降りかかったりした場合の対処法として、次のプランX「撤退」を割り出すのである。B、Xに対しても、同じようにエンビジョニングの手順を踏むことだ。撤退するのだから、簡単だろうと思ってはいけない。避難や撤退にも、それが成功しないリスクが必ず潜んでいるはずなので、これも詳細にエンビジョニングする。

軍人ですらリスク発生時にはパニックに陥る

実際の災害時にはパニックになり、冷静に手段を選ぶことなどできないことも多々ある。実際の災害時の動画も、ショックを受けることもあるかもしれないが、リアルなケーススタディという意味では貴重な資料だ。そういう動画に対する「〇〇すればよかったのに」「どうして〇〇できないんだ」というコメントさえも参考になるかもしれないが、実際に危機に襲われたとき、ほとんどの人はパニックに陥りほぼ何もできないだろう。

VIPを警護するアメリカのボディガードの話を例にすると、要人警護に当たる彼らは襲撃があった際のリカバリープランも立てるわけだが、その内容は極めてシンプルで、「銃声のほうに走る」という程度でしかない。百戦錬磨のエリート軍人も銃声の下では頭が真っ白になり、このくらいの単純な行動しかとれないのである。つまり、**一般の人々が火災や災害の際に冷静に行動できるとは思わないほうがいい**。

想像力を駆使し、あなたにできる範囲で最小限のプランを頭に叩き込もう。火災発生時のプランとしては消化器を自宅には備えておきたいが、消火器などがない場合は、住宅火災で行える消火方法を覚えておくとよいだろう。その他は水道・浴槽・汲み置き等の水または寝具・衣類等をかけるなどである。

参考：初期消火に使われた道具・設備

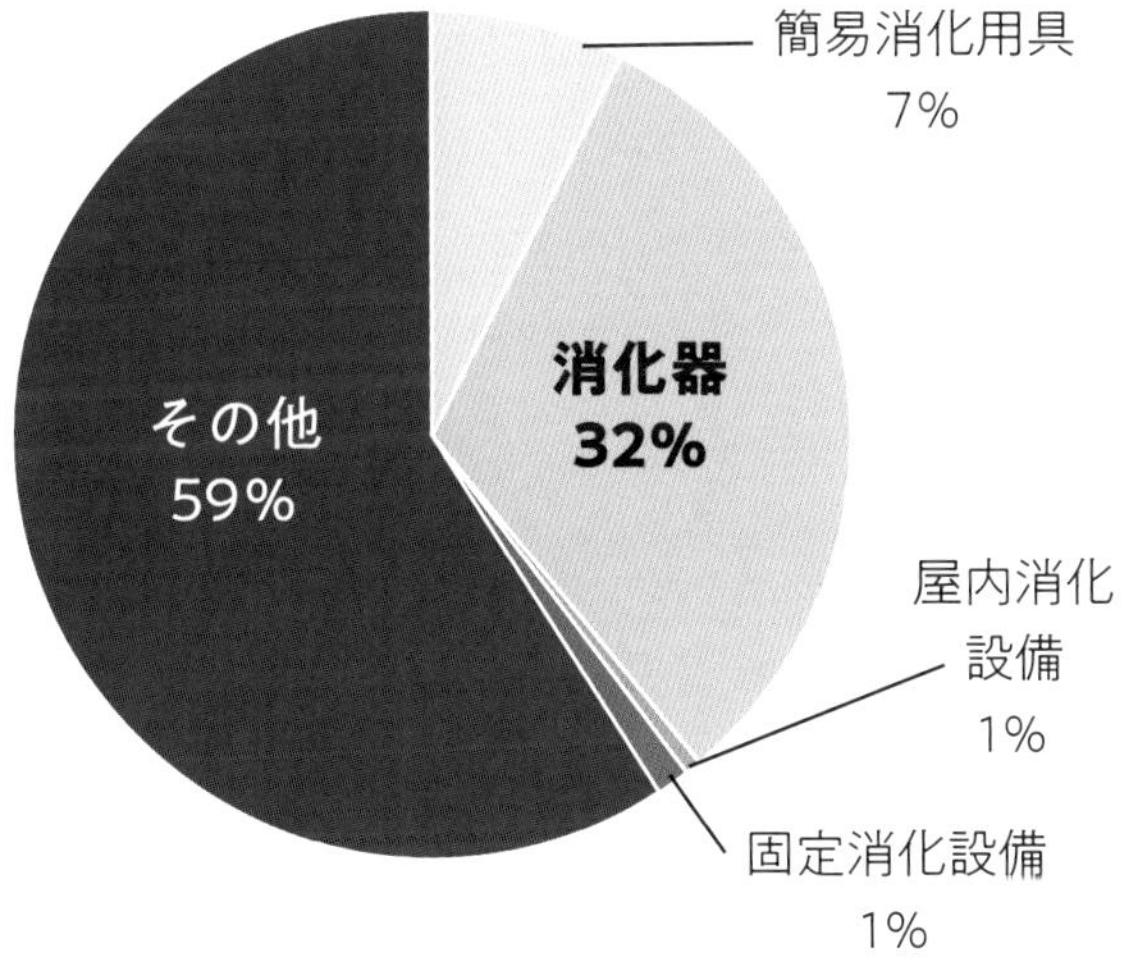

出典：平成29年版　消防白書　初期消火における消防用設備等の使用状況

消火器使用のリスク例

- 停電や充満する煙などで消火器が見えなくなった
- 何かが倒れ消火器にアクセスできなくなった
- 火の元に近すぎる場所に置いてしまい、消火器に辿り着けなかった
- 反動によってホースがおどり、目標に当てられなかった
- 気づいたら火と背後の壁に挟まれて、避難できなくなった

→消火器を設置したから安心、とならないようにしよう！

消火器の使用方法

消火器（ホースのあるもの）

1
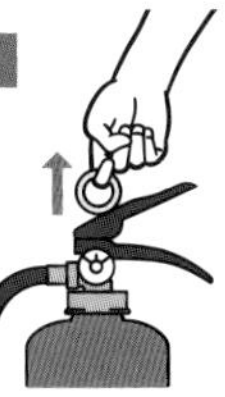
黄色の安全ピンを上に抜く

2
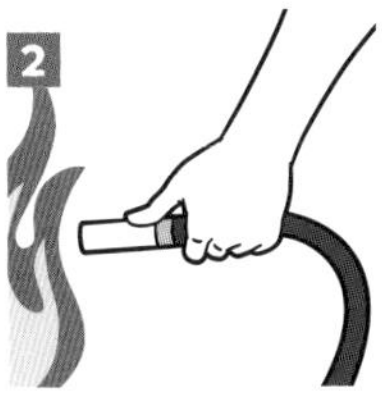
ホースの先のノズルを炎に向ける

3
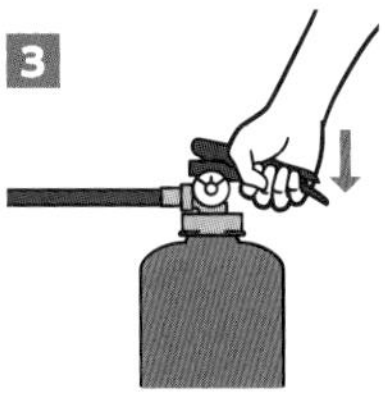
上下のレバーを握る

住宅用消火器（ホースのないもの）

1
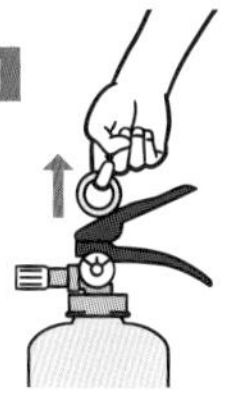
黄色の安全ピンを上に抜く

2
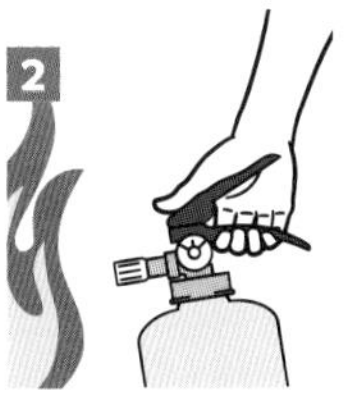
ノズルを炎に向ける

3
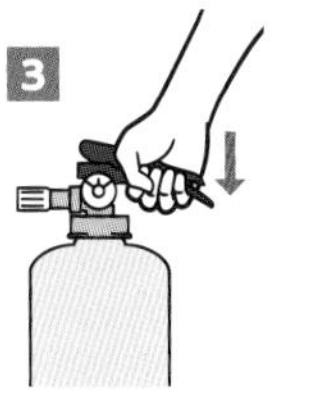
上下のレバーを握る

SURVIVAL TECHNIQUE **056** 心構え

災害は都市が砂漠に変わると考えよ

砂漠の次にサバイバルが難しい場所はどこか

サバイバルが難しいシチュエーションを考えよう。実は、森林や無人島でのサバイバルは、それほど難しくはない。なぜなら、生き延びるために必要なものが揃っているからだ。水は湧き水や朝露を集めればいいし、枯れ木があるから暖を取るための火もおこせる。雨風も、蔓や枯れ葉、太い枝から作ることができる。食べられる野草や木の実も豊富にあることが多い。現代人には意外かもしれないが、自然の中には命を紡ぐ材料がたくさんあるのだ。われわれ現代人が野性を失っているに過ぎない。またサバイバルが最も困難な場所が砂漠である。貴重な生還者たちも、たまたま通りかかった航空機に発見されたとか、幸運に幸運が重なったケースがほとんどだ。砂ばかりの砂漠には人間が生きるための材料がまったくないからだ。水も、植物も、食料もない。しかも日中は砂が焼けて歩けないほど暑くなるのに、夜は恐ろしく冷える。だが、凍死から身を守る材料が、砂漠にはない。砂漠でのサバイバルは絶望的なのだ。さて、砂漠に次いでサバイバルが難しいシチュエーションはどこか、あなたはご存じだろうか？……それは、インフラが失われた都市だ。災害によって破壊された都市は、砂漠なみに生き延びることが難しい地獄に変わる。

SURVIVAL TECHNIQUE **057** 心構え

800万人の帰宅難民を襲う地獄

東日本大震災の事例から

強固に見える現代の都市のインフラも、大災害が起こると簡単に破壊される。東日本大震災の当日には首都圏だけで約５１５万人にも及ぶ帰宅難民が生まれたという報告がある。交通インフラの停止により、家に帰れなくなった人々だ。読者の中にも、震災の夜、会社で夜を明かした人や徒歩で帰宅した人がいるだろう。水や食料が品切れとなったスーパーやコンビニ、そして帰宅する人々の群れや自動車で溢れた車道。インフラを失った現代人のなんと無力なことだろう。東京都の昼間の人口は、実に約１５００万人。もし首都圏直下地震が発生すると、帰宅難民は１都４県で最大８００万人になるという予想もある。「被災しても避難所に入れれば安心だ」と思っている人もいるだろう。ところが、人口が密集する都市ではそもそも避難所が足りなくなる恐れがある。**都内の避難所は、想定される避難者に対し、面積にして東京ドーム12個分も不足している**という説もあるのだ。また、仮に避難所にたどり着いたとしても、交通網が絶たれた状態で救援物資が届くまでに、どのくらい時間がかかるかわからない。都市型災害が起こったら、学校や会社からの帰宅が困難になることや避難所に入れないリスクがあるだけではなく、物資がない中で生き抜く能力も必要になるのだ。

SURVIVAL TECHNIQUE **058**

人がリスクになる理由

心構え

災害時の犯罪は常に発生している

都市型サバイバルの研究が盛んなアメリカには危機管理の専門家が多くいるが、本当に深刻なサバイバル状態に陥った場合、彼らが重視するのが、「人目を避けること」だ。どういうことか？　日本人にはピンとこないだろうから、先に答えを言おう。暴徒化した他人から身を守るためだ。**災害時に厳しい状況が長く続くと暴徒化する人々が現れる**ことは、専門家の間では半ば常識になっている。だから専門家は、食料を強奪されたり暴行を加えられたりすることを防ぐために、他人を避けることを勧めるのである。インフラが失われた都市では、他人の存在はリスクにもなるのだ。銃社会であるアメリカ固有の事情で、平和な日本には関係ない、と思われるかもしれないが、そんなことはない。2011年の東日本大震災の直後には、人が減った街を狙った空き巣やATM・店舗荒らしが頻発し、その様子をメディアも報じていた。震災直後の新聞では、青森県八戸市で3月14日と15日の2日だけで11件の窃盗事件が起きたと報じているが、これは震源地から遠く離れた青森の話だ。地震の被害が大きかった地域では状況ははるかにひどい。壊滅的な被害を受けた宮城県仙台市の新聞社・河北新報は2011年3月31日に、震災発生から3月26日までの約2週間の間に窃盗被害の届けが約290件もあったと報じている（宮城県警発表に基づく）。その他の災害でも似た事例が報告されている。注意してほしいのは、これは氷山の一角に過ぎない点だ。表層の被害は大量にあると想像されるし、窃盗以外の犯罪も多かっただろう

被災地、災害地で横行する性犯罪

私がこう書くのは、実際に被災した方や復旧活動等に関わった知人から、犯罪の話をかなり聞かされたからでもある。いずれも表に出なかった犯罪だ。中でも、届け出にくい犯罪である女性へのレイプなどは相当数が闇に葬られたと思われる。窃盗やレイプ以外にも右のようなケースが散見される。こうした性被害は、避難所の中でさえ起こっているのだ。内閣府による避難所運営ガイドラインは「性犯罪防止策の検討が必要」との内容を盛り込んではいるが、大災害のもとで性犯罪を防ぐのは簡単ではないだろう。管理や監視といった「互助」の整備が整っていない場合はなおさら、自分自身を守るスキルが必要となってくる。

- **風呂やトイレを貸す、と言って女性や幼児を連れ出す**
- **避難所での覗きや盗撮**
- **震災ボランティアや消防隊を装い接近する**
- **避難所で、夜に見知らぬ誰かが布団の中に入ってくる**

SURVIVAL TECHNIQUE
059

想定されるシチュエーション
人災

災害発生後の犯罪を知ろう

Let's recognize post-disaster crimes.

空き巣	留守になっている時間が長ければ犯罪に遭うリスクも高くなるため、避難生活が長くなるほど空き巣リスクが増加する。
店舗の窃盗	休業中の企業や店舗を狙う 「事務所荒らし」や「出店荒らし」 無人になったオフィスやビルで多発する傾向にある。
乗り物の盗難	被災によって放置された自転車やバイク、自動車の盗難も災害時に起こりやすい。
災害に便乗した特殊な犯罪	被災家屋を訪問するリフォーム詐欺 義援金詐欺 これらは復興段階にまで及ぶことがある

誰しもが暴徒となる可能性がある

災害後に発生する犯罪（的行為）は、大きく二種類に分けられる。まずは、**水や食料の強奪などの「生きるため」の行為。**もう何日も食べていない人間が他の人間の食料を目にしたとき、脳裏に「盗む」という発想がよぎるのは、極論を承知で述べるならば、不自然ではない。まだ幼い自分の子どもや愛する人が、強く空腹を訴えていたらどうだろうか？　倫理観が揺らぐことはないか？

もう一つのパターンは生存のための犯罪ではなく、**人の心が荒れたことによる犯罪**である。普段は善良で大人しいとされる日本人だが、ふとしたきっかけで無法状態に入ることがある。1973年3月、埼玉県上尾市で暴動が発生した。国鉄労働組合の「順法闘争」による遅延で駅にすし詰めになった出勤前のサラリーマンたちが不意に怒りを爆発させ、投石などで駅や電車を破壊したのである。暴れた人々はごく普通のサラリーマンが中心だったという。同じようなことが災害時に起きないとは言えない。私が被災地で活動する人々から得た情報によると、実際に起きているという。たしかに、人々が想像を絶する災害のストレスの影響をまったく受けなかったら、むしろ不自然だと言える。少なくとも世界的には、**災害後には治安の悪化に備える**ことが常識になっている。海外のサイトで「Urban Survival（都市サバイバル）」と調べるとそこには、銃器や護身術の情報が多く含まれている。悲しいことに、災害後の都市では「人」がリスクになりえるのだ。

SURVIVAL TECHNIQUE
060

想定されるシチュエーション
災害全般

「アウェアネス」を呼び起こそう

Invoke "Awareness".

災害はあなたを原始に引き戻す

「アウェアネス」という言葉を聞いたことがあるだろうか。日本語にすると「気づき」といった意味をもつ。さまざまな文脈で使われる言葉ではあるが、われわれの考えるサバイバルの中心にある概念だ。ここまで、五感を鋭く、とか、想像力が大事だとかいう内容を繰り返し伝えてきたが、これらはすべて、アウェアネスの一環である。今ある見えにくいものに気づく能力を高めることが、サバイバル能力の根底にある。森で暮らしていたわれわれの先祖は、考えられないほど豊かなアウェアネスを持っていたに違いない。彼らは、自分を囲む自然や周りのあらゆる生き物との繋がりの中で生きていた。そしてそこには感じるべき危険も潜んでいた。彼らのアウェアネスは、生きる上で自然に磨かれたのである。目だけでなく、耳や鼻や皮膚を総動員して食べ物の匂いや狼の気配を察していたのである。一方の私たちは、便利さ、安全と引き換えに豊かな感覚や想像力を失っている。サバイバルはそれを呼び覚ましてくれる。危機に直面した人は、便利さと安全を失い、一時的にせよ現代人ではなくなる。アウェアネスが非常に重要な役割を果たす世界に引き戻されるのである。たとえ災害に直面せずとも、今回紹介したような方法で、眠っているアウェアネスは刺激され、気づきのアンテナが敏感になることだろう。そうすれば、今まで見えなかったものが見え始め、聞こえ始め、香り始める。そしてあなたの日常生活も豊かになるだろう。危機は生きるためのモチベーションになりえるのである。

SURVIVAL TECHNIQUE

061

想定されるシチュエーション

被災全般

「コミュニケーション」の必要性を考えよう

The Importance of Communication

災害復興はコミュニティの力が欠かせない

災害は起こるもの。そう考えておくことで、防災や減災は可能になる。昨今注目されているのが、「コミュニティ」という視点からの災害対策だ。本書でのサバイバルのテクニックは自助・公助・共助の中の「自助」についてがメインであった。**「コミュニティ」とは「共助」の力を高める**ことだ。本書であなたは、都市型サバイバルのテクニックのノウハウをものにした。それは地域の安心・安全の基盤をつくることに繋がる。昨今の災害でも復旧や復興まちづくりに地域コミュニティが大きな役割を果たしている。こうした地域コミュニティの役割は地震災害だけではなく、集中豪雨やゲリラ豪雨、竜巻など増加傾向にある自然災害など顕在化しつつある新たなリスクに対しても同様である。このように、地域に存在するリスクを見つけ出し、迅速かつ適切に対処するため、いかなる危機がどの程度の可能性で発生するのかを常に自ら考え、解決策を導き出し実施していくことが求められている。地域コミュニティに求められる役割が増大しつつある一方で少子高齢化、人口構造の変化や地域経済の衰退、地縁的なつながりの希薄化などにより多くの課題を抱えている。このため、地域コミュニティの抱える課題を洗い出し、在るべき姿や地域コミュニティを核とした防災活動について検討を行うことが必要だ。

コミュニケーションで災害に備える

まずは家族と話し合おう

災害時の出火防止や出口の確保など、家族の役割分担を決めておく。また、外出中に帰宅困難になったり、登下校中に離れ離れになった際の安否確認の方法や集合場所も決めておこう。その他、避難場所や避難経路、電気のブレーカーやガスの元栓の位置、操作方法の確認も忘れずに。災害時、心配になるのは家族や知人の安否。携帯電話・スマートフォンのバッテリーが切れることも想定し、連絡先を紙にメモし、コピーして共有しよう。

地域の人とも話し合おう

災害時には近隣住民同士の協力が、不可欠だ。避難生活をスムーズに行うためにも、日常的にあいさつを交わしたり、町内会主催の防火防災訓練などに参加し、ご近所との付き合いを広げておこう。訓練に参加すれば、災害時も慌てずにすむ。また、高齢者・障害者・難病患者・乳幼児・妊産婦・外国人などは、情報把握・避難などが迅速にできない立場だ。日頃から、近所の要配慮者を知り、福祉避難所の場所も確認しておこう。人とのつながりを大切にすることで、防災ネットワークがつながる。

要配慮者への思いやりを大切に

高齢者や障がいのある人、乳幼児や妊婦、外国人など、特に配慮を要する人を要配慮者という。要配慮者に必要な配慮について知り、災害時には自主防災組織などと協力して要配慮者の支援を行おう。

●妊婦・乳幼児のいる家庭
- 小さな子どもを抱えての避難は危険で、親子ともに大きな不安が伴う。
- アレルギーなどにも注意が必要となる。
- 妊娠中の女性や産後間もない方は、健康面にも配慮が必要となる。

●高齢者
- 避難に時間がかかる、自力で避難が難しいなどのため避難に不安を感じている場合があり支援が必要となる。
- 認知症などの場合、状況判断を適切に行うことができない。

●外国人
- 状況の把握や避難所でのコミュニケーションが難しい。
- 宗教上の理由から食べることのできないものがある場合がある。

●障がいのある方
- 災害に気づくことができず、適切な状況判断が困難で、逃げ遅れるおそれがある。
- 速やかな避難が難しく、状況によりパニックになってしまうおそれがある。

SURVIVAL TECHNIQUE
062

想定される
シチュエーション

被災全般

コロナ禍における防災について考えよう

Let's think about the prevention against the coronavirus Disaster

本書における都市型サバイバルのテクニックの伝授も最後となる。本書制作中の2022年3月時点でも新型コロナウイルスの猛威は終わりが見えない。しかし、あなたのもとに自然災害が明日襲ってこないとは限らない。まず、土砂災害や川の氾濫など、危険が差し迫っている場合は、「ためらわず」に安全な場所や避難所に早めに避難することが重要だ。ただ、避難所などで人が密集すると新型コロナウイルスに感染する心配もある。そこで重要になるのが、あらかじめ別の避難先を考えておく「分散避難」だ。安全な場所に住んでいる親戚や知人など頼れる人がいればそこに避難することも考えておこう。過去の災害でも、避難所で感染症の患者が相次いだ。東日本大震災では、岩手県内の避難所で数十人規模のインフルエンザ患者がでたほか、4年前の熊本地震でも、南阿蘇村の避難所を中心にノロウイルスやインフルエンザの患者が相次いで確認された。これからは、「避難所」への避難以外にも、「親戚・知人宅」「ホテル」「在宅避難」「車中泊」などさまざまな避難先に、地域の人たちが分散して避難することが大切だ。現状では地域での避難訓練もできなくなっている。感染リスクを減らすためにどんな対策ができるか、ここでも「エンビジョニング」をしておくことが大切だ。

安全・安心な避難のためのフローを理解しよう。

避難所に行くだけが避難ではない

●避難とは『難』を『避ける』こと。安全な場所にいる人まで緊急避難場所（避難所）に行く必要はない。
●避難先は、自治体の指定している施設だけではない。いろいろな避難方法を検討しよう。

非常持ち出し品をあらかじめ準備しておく

●避難時には、通常の非常持ち出し品に加えて、感染症対策に有効な持ち出し品もできる限り準備しよう

どこにいても、自分でできる感染症対策を実践する

●他人と2メートル程度距離をとる、密接した状態での会話を避ける。
●手洗い消毒やうがい、マスクの着用、咳エチケットの徹底。
●毎日の体調チェック。

避難先選定フローチャート

自宅付近に災害のリスクがない。
又は、あっても影響が極めて低い。

→ はい

避難先：**在宅避難**
自宅が安全な方は避難の必要はありません。避難する方がかえって危険な場合があります。屋内で安全を確保しましょう。危険を感じたら自宅内で２階などへの垂直避難を。

↓ いいえ

安全な場所に住んでいて身を寄せられる親戚や知人はいますか？

→ はい

避難先：**親戚、知人宅**
安全な親戚や知人宅に避難しましょう。日頃から避難について相談しておきましょう。

↓ いいえ

地域で避難先の取り決めがある。
安全な自主避難場所に避難できる。

→ はい

避難先：**地域の自主避難場所・取り決めにある避難先など**
密集・密接を避けつつ、身近で小規模なコミュニティ内に滞在できる避難場所を活用しましょう。

↓ いいえ

避難先：**指定緊急避難場所／避難所 または追加 開設避難所**
３密回避や感染症対策に配慮した運営がどの自治体にも求められています。避難が必要なときは、迷わず 避難しましょう。従来より避難者の間隔を広めにとるため、別の指定緊急避難場所に移ってもらったり、高等学校などの施設を追加避難所として開設する場合があります。

できるだけ3密を避けたい →

避難先：**車中泊避難**
エコノミークラス症候群※対策など体調管理に留意が必要です。日ごろ から車中泊を 快適に行えるためのグッズを備ておきましょう。

※窮屈な場所に長時間同じ姿勢でいることで、血の流れが悪くなり、血管の中に血の塊ができて肺の血管を詰まらせてしまう病気

おわりに

喜びと感謝

ネイティブ・アメリカンの言葉では、日本語で言う「感謝」と「歓喜」がいずれも同じ言葉で表現される。区別されないのである。狩りをして生活していた彼らにとって、獲物を手に入れる歓喜と獲物を含む大自然への感謝は同じ意味を持っている。われわれの感覚では感謝の対象を殺すのは矛盾しているように思えるが、それは直接獲物を殺さなくていい環境に生きているからに過ぎない。私たちだって、飢えた状態で食べ物を手に入れたら喜びつつ感謝するだろう。現代人の思考の枠組みから外れることで、忘れかけていた生きる喜びに気づけはしないだろうか。

生きる喜びを思い出せば、どんな危機も乗り越えられる

誤解しないで欲しいが、私は原始的な生活こそ正しいと言っているのではない。私は現代社会を愛しているし、その恩恵にあずかっている。毎日のように自動車を運転するし、スマートフォンは仕事に欠かせないし、テレビもよく見る。そのテレビでいつか見た映像が頭から離れないのだ。原始的な生活を送る、アフリカのサン族のドキュメンタリーだったと思うが、狩りの毎日を送る彼らにテレビクルーがこう聞いたのである。「毎日狩りをして、食べて、そして寝る。そんな生活は退屈ではありませんか？」サン族の狩人は心から不思議そうな顔をしてこう答えた。「では、あなたたちはどうすれば満足するのですか？」番組はここで終わっていたと思う。どういう意図でこういう終わらせ方をしたのかは、今でもよくわからない。ただ、この問いかけは私の中にずっと残っている。私たちはどうすれば満足するのだろうか？私は、危機管理の仕事と並行して、サバイバル術で楽しむキャンプスタイルであるブッシュクラフトの普及活動も行っている。よく、この二つの活動にどんな関係があるのかと聞かれるが、私の考えでは危機管理とブッシュクラフトは同じものを別の角度から眺めているだけなのだ。死のリスクをなんとかして乗り越える危機管理は、野生の生活に似ている。リスクが大きいからこそアウェアネスが磨かれて、世界がより豊かに感

じられるのだ。リスクに挑む人間が活き活きしているのは、そこに原因があるのではないだろうか。〆切りをもうけることによってやる気が出るように、課題はモチベーションになる。逆説的だが、死のリスクがあるから人は生きることの価値を実感できるし、危険があるからこそ目はよく見え、耳はよく聞こえるようになる。危機管理は野生の豊かさを実感する手段でもあるのだ。

「生きること」を実感するということ

ブッシュクラフトは、あえて便利さを捨てて野生に近い生活を体験する行為だ。ブッシュクラフトのセミナーでは、私は危機管理の方法や哲学的な話はせず、枯れ葉でシェルターを作ったり、枝で火をおこす方法を教えたりしているのだが、参加者は、私が嬉しくなるくらい、活き活きとしている。その理由をずっと考えていたのだが、おそらく彼ら、彼女らはサバイバル術に触れる事で、無意識に「生きること」を実感しているのである。危機管理も、その点では似ている。死を意識し、真正面から向き合うことで、やはり「生きること」を実感できる行為なのである。だから、危機管理とレジャーとしてのブッシュクラフトとでは正反対のようだが、ゴールは完全に一致している。便利な現代社会の中で忘れてしまったかもしれないが、われわれには生きる力があり、その力を実感すること、そして、その力を使って生きることは素晴らしいことなのだ。

私が代表理事を務める危機管理リーダー教育協会の理事の一人に、海外で諜報活動を行っていた者がいる。彼曰いわく、生き延びることができたのは危機管理を生き方に変えたからだという。つまり、危機管理とは生き方そのものになり得るのだ。たしかに、日々の生活に本書で紹介した危機管理の視点を導入すると、今まで見えなかったものが見えるようになり、聞こえなかったものが聞こえるようになるに違いない。五感が鋭くなり、気づいていなかった身近な奇跡が感じられるようになる。危機管理は人生を豊かにするはずだ。そんな視点から本書を役立てていただければ光栄である。

救急	救急用品セット	救急セットには体温計のほか、絆創膏や包帯など。その他ビタミン剤など日頃使っているサプリメントなどもあるとよいでしょう
	処方箋の控え	
	胃腸薬・便秘薬・持病の薬	
	毛抜き	とげ抜き、ピンセットとしても使えます。
衣料品	下着・靴下	衣類は動きやすいものを選びましょう。セーターなどの防寒具も寒い季節には役立ちます。雨具は両手が使え、作業しやすいものを。
	長袖・長ズボン	
	雨具	
	防寒用ジャケット・雨具	
汎用・あると便利	簡易トイレ	凝固剤、吸収剤入りのものは臭いを抑えられて便利。トイレ回数は１人１日５回を７日分以上、それを家族分備蓄しておく必要があります。かなりの量が必要となります。
	ビニール袋	大小合わせて１０枚ほど。雨具や敷物、簡易トイレとしても使用可能。プライバシー保護のため透けないものを。
	ビニールシート類	被災家屋の応急処置や、屋外避難の際に便利です。
	布粘着テープ・油性マジック	布粘着テープは、油性マジックを使ってメモに使用したり、ガラスの破片を取るときに利用します。
	ライター・マッチ	調理用や暖房器具の火おこしなどに。定期的に着火するかどうかを確認しましょう。
	ローソク	電気がない、使えないときに長時間の明かりに。
	ランタンライト・ヘッドライト	LEDランタン（リビング・キッチン・トイレ用3個）を用意しておくと便利です。ちょっとした作業でも両手を使える状態にする必要がありますので、手元の明かり用にも懐中電灯ではなくヘッドライトが必要になります。
	タオル	汚れの拭取りやけがの手当て、下着の代用など汎用性があります。
	安全ピン	タオルを留めて下着の代用などに使えます。
	ハンカチ（大判）・手ぬぐい	何かを包んだり、防寒対策としたり、何かと便利です。

個別に検討する品目

カテゴリー	品名	ポイント
女性	生理用品	傷の手当、ガーゼの代用としても重宝します。
	くし，ブラシ，鏡	避難生活でも、普段と同じような生活をすることでストレス軽減につながります。
	化粧品	
	髪の毛をくくるゴム	お風呂に入れない時、髪をまとめれば不快感が軽減します。
	防犯ブザー	普段から持ち歩いておくことが大事です。
高齢者	紙おむつ	日常生活で使うものを、意識して上手に備蓄しましょう。
	介護用品	
	補聴器	
	入れ歯	
乳幼児	粉ミルク，哺乳瓶，離乳食	
	清浄綿	
	紙おむつ	

持っておきたい防災グッズリスト

自宅の備蓄や持ち出し袋作成の際に参考にしよう！

カテゴリー	品名	ポイント
バッグ	非常持ち出し品袋	非常持ち出し品を収納して、玄関先などに置いておきましょう。
水	飲料水	1人1日3リットルが目安です。3日分は備えましょう。 500mlの飲料水は普段からバッグなどに常時携行しておくと便利です
食	乾パン	そのまま食べられるものはもちろん、お湯を入れるだけなど調理が簡単なものが便利です。
	缶詰	長期保存にこだわらず、食べ慣れた好みのものを備えましょう。
	レトルト食品（ごはん・おかゆなど）・アルファ米	
	インスタントラーメン・カップみそ汁	
	ナッツ・アメ・チョコレートなどの携帯食	
	給水用ポリタンク	ポリタンクに日頃から水道水をためておくと災害時、生活用水に使えて便利です。
	カセットコンロ・ボンベ	電気、ガスが不通のときの調理に便利。ガスボンベは1本で約65分使用可能です。1日30分使用すると仮定すると1ヶ月で約15本は必要になります。
	ラップフィルム	食器の上に敷けば洗う必要もありません。身体に巻けば保温に便利です。本書の「体温は3層で保持する」にも活用できます。長めのラップ5本程度備蓄しておくと良いでしょう。
	紙皿・紙コップ・割り箸	使い捨ての食器です。
情報	災害用携帯ラジオ	災害情報を入手するために必要です。
	予備の乾電池	自然放電するため、消費期限に気をつけましょう。
	筆記用具（メモ帳とペン）	避難場所などでも活用できます。
	油性マジック	いたるところに伝言を書くことができます。
装備	ヘルメット・防災ずきん	落下物から頭などを守ります。
	笛・ホイッスル	閉じ込められたときなど、場所を知らせます。
	厚手の手袋	倒壊した家屋、散乱した家財から手を守ります。危険物が多い被災地ではクギやガラスなども刺さりにくい手袋が役立ちます
	懐中電灯	できれば家族の人数分を用意しましょう。
	長靴	瓦礫などから足を保護するために。
	運動靴	避難の際に役立ちます。
道具	万能ナイフ類	包丁の代わりになるほか、用途はいろいろ。ナイフの活用法については、『ブッシュクラフト－大人の野遊びマニュアル（誠文堂新光社刊）』を参考にしてください。
	工具セット	シャベル、バール、ノコギリ、ハンマーなど。家屋や家具の下敷きになった時の救出に使えます。
	ほうき・ちりとり	ガラスや倒壊物の除去に役立ちます。
	ロープ（10メートル）	本書内のロープワークをはじめ、救助、避難はしごの代用。体重を支えられる太さの物を。
衛生	マスク	感染症対策だけではなく防寒用としても活用できます。
	消毒液	感染症対策としてももちろんですが、流水で手洗いできない場合にもあると便利です。
	ティッシュペーパー・ウェットティッシュ	ウェットティッシュは入浴できない災害時には体が拭けるなど重宝します。口腔ウエットティッシュであれば歯みがき代わりにもなります。
防寒	携帯用カイロ	寒い時の保温に便利です。
	毛布（折りたためるもの）	寒い時期の防寒対策に必要です。

「緊急・救急情報」防災メモ

家族の集合場所

集合場所避	避難所・避難場所	連絡方法

家族の連絡先及び救急情報

氏　名	続柄	電話番号（自宅・携帯）	生年月日	血液型	かかりつけ医療機関	救急情報（持病・アレルギー・常備薬）
				型		
				型		
				型		
				型		
				型		

親族・知人

氏　名	間柄	電話番号

職場・預かり場所など

施設名	家族の氏名	電話番号

緊急ダイヤル

消防へ火事・救急・救助の連絡 **119**

※火災の時には 119 回線がこみ合っています。

警察へ事件・事故の連絡 **110**

災害用伝言ダイヤル（171）

「171」に電話をかけると、伝言の録音や再生ができます。

伝言の録音

1 7 1 + 1 + 被災地の人の電話番号（市外局番から）→ 録音

伝言の再生

1 7 1 + 2 + 被災地の人の電話番号（市外局番から）→ 再生

※災害時には電話がつながりにくくなります。

非常時・緊急時に連絡してほしい方や、利用してもらいたい、わが家の情報です。
災害時に救助の方や、緊急時に救急隊・医療機関などに情報を提供します。

都市型サバイバルに役立つ ウェブサイト一覧

（QR コードの遷移先は 2022 年 2 月時点のもの）

地震情報（気象庁）

震度 1 以上を観測した地震について、地震の発生場所（震源）やその規模（マグニチュード）、各地の震度について発表した情報を掲載しています。

災害・防災情報（国土交通省）

気象、地震、津波、火山、海洋等の防災情報を提供しています。

安否情報まとめて検索 J-anpi

災害発生時に検索条件として「電話番号」または「氏名」を入力することで、通信キャリア各社が提供する災害用伝言板および報道機関、各企業・団体が提供する安否情報を対象に一括で検索し、結果をまとめて確認することができます。

防災・危機管理 e カレッジ（総務省消防局）

防災の知識や災害時の危機管理について、いつでも、誰でも、無料で学習できることができ、災害への認識や必要な知識、技術を習得できるよう、様々な内容から構成されています。

NHK アーカイブス　災害

自然災害について、NHK が保管する映像や証言を公開しています。「災害が発生した時、何が起こり、人々はどう行動したのか」を知り、「復興支援と明日の防災のために何ができるか」を考えることができます。

災害への対応や計画等について
（厚生労働省）

大規模災害への対応や厚生労働省に関係する計画等を紹介しています。

外国人のための生活ガイド（緊急災害時の対応）
（東京都国際交流委員会）

地震や台風、集中豪雨の際に準備しておくことや行動の注意点などを、簡単な言葉を使った「やさしい日本語」で紹介しています。

リアルタイムの降水の状況（気象庁）

今日の最高・最低気温、24 時間降水量、史上 1 位の更新状況などの最新の気象データが確認できます。

日本道路交通情報センター
災害時情報提供サービス

災害発生時に提供される、道路状況情報です。細い道まで情報が入っていますので、通行可能かの確認が可能です。※災害発生時のみ表示されます

地震ハザードステーション（J-SHIS）

将来日本で発生する恐れのある地震による強い揺れを予測し、予測結果を地図として表しています。

Yahoo！路線情報

全国の路線で、遅延や事故、運転見合わせなどが発生した場合に、運行情報を提供します。

ハザードマップポータルサイト
（国土交通省）

各市町村が作成した地域ごとの様々な種類のハザードマップを閲覧できます。また、洪水・土砂災害・津波のリスク情報、道路防災情報、土地の特徴・成り立ちなどを地図や写真に自由に重ねて表示できます。

東京都アレルギー情報 navi.
（東京都福祉保健局）

災害時のこどものアレルギー疾患対応パンフレットなどを掲載しています。

災害時の外国人支援 Q ＆ A マニュアル
（東京都国際交流委員会）

地震などの災害発生時に、想定される外国人からの質問と、それに対する答えを Q ＆ A 形式で紹介しています（日本語、英語、中国語、韓国・調整後、タガログ語、タイ語、スペイン語）

本書監修者　川口拓 関連ウェブサイト

WILD AND NATIVE ネイチャー、サバイバル、ブッシュクラフトスクール

川口拓が主催者として、大地に生きるサバイバル術、ブッシュクラフト、薬草＆ヒーリング、自然の教え、スカウト、その他様々なテーマでワークショップを開催しています。

危機管理リーダー教育協会

都市サバイバルとブッシュクラフトの二つのスクールを運営し、単にノウハウを教えるのではなく、「教えることができる人」を育成しています。「狩りの方法ではなく、狩りの方法の教え方を教えよ。そうすれば、その部族は永続的に生き延びられるであろう」が理念です。

WILD MIND GO! GO!

川口拓も記事の執筆を担当する、生き物としての力を取り戻すための自然体験を集めた、体験メディアです。

[著者略歴]

川口拓（かわぐち・たく）

1971年、地球の日（4/22）に生まれる。カナダやアメリカで雪山登山、ロッククライミング、野外教育法、ネイティブアメリカン古来の教え、大地と共に生きるサバイバル技術等を学ぶ。自然学校「WILD AND NATIVE」主催、2013年に危機管理リーダー教育協会を設立。テレビ、雑誌などメディアへの企画協力や出演も多数。CMLE災害対策インストラクター養成トレーナー、Japan Bushcraft School校長、自衛隊危機管理教官、自衛隊サバイバル教官。著書に『ブッシュクラフトー大人の野遊びマニュアル』『民間人のための戦場行動マニュアル』（共に誠文堂新光社）、『キャンプでやってみるこどもサバイバル』（ベースボール・マガジン社）、『極限！サバイバルマニュアル』（洋泉社）、監修に『Why？ サバイバルの科学』（世界文化社）がある。

イラスト・図解《ずかい》で分《わ》かる
災害《さいがい》を生《い》き延《の》びる！ 都市型《としがた》サバイバル

2022年5月15日　第1刷発行

監修者　**川口拓《かわぐちたく》**

アートディレクション　**出羽伸之**（TSTJ Inc.）

ブックデザイン　**石井茄帆**（TSTJ Inc.）

イラスト　**內山弘隆**

写真　**横川浩史**（P16,17,20,24-27,30,32,34,42,44,46,48）

協力　**有限会社SOU**

発行人　**永田和泉**

発行所　**株式会社イースト・プレス**

〒101-0051
東京都千代田区神田神保町2-4-7久月神田ビル
Tel.03-5213-4700／Fax.03-5213-4701
https://www.eastpress.co.jp

印刷所　**中央精版印刷株式会社**

ISBN 978-4-7816-2071-8

◎本書は2019年9月に小社より単行本として刊行された『都市型災害を生き延びるサバイバルプラン』を加筆、改題、再編集したものです。